东方韵味

——中国文化泛读教程

下册

廉德瑰 编著

图书在版编目(CIP)数据

东方韵味——中国文化泛读教程(下册)/廉德瑰编著．—北京：北京大学出版社,2008.1
(北大版对外汉语教材·文化教程系列)
ISBN 978-7-301-13364-4

Ⅰ．东…　Ⅱ．廉…　Ⅲ．汉语-阅读教学-对外汉语教学-教材　Ⅳ．H195.4

中国版本图书馆 CIP 数据核字(2008)第 004330 号

书　　　名：东方韵味——中国文化泛读教程(下册)
著作责任者：廉德瑰　编著
韩 文 翻 译：朴贞姬
责 任 编 辑：刘　正　lozei@126.com
标 准 书 号：ISBN 978-7-301-13364-4/H·1929
出 版 发 行：北京大学出版社
地　　　址：北京市海淀区成府路 205 号　100871
网　　　址：http://www.pup.cn
电 子 信 箱：zpup@pup.pku.edu.cn
电　　　话：邮购部 62752015　发行部 62750672　出版部 62754962　编辑部 62752028
印　刷　者：涿州市星河印刷有限公司
经　销　者：新华书店
　　　　　　787 毫米×1092 毫米　16 开本　10.75 印张　275 千字
　　　　　　2008 年 1 月第 1 版　2008 年 1 月第 1 次印刷
印　　　数：0001—4000
定　　　价：28.00 元

未经许可,不得以任何方式复制或抄袭本书之部分或全部内容。
版权所有,侵权必究
举报电话：010-62752024　电子信箱：fd@pup.pku.edu.cn

前　言

　　我在日本生活了16年，正好是两个8年。本书的资料是我在日本期间给学生讲授汉语和中国文化时使用的讲义。后来，我利用讲义中的材料，陆续写了一些随笔和散文，有些发表在中文报纸上。不想，这些小文章竟然受到了读者的喜欢，使我萌生了把这些小东西编辑成书的念头。

　　苏东坡有句诗："不识庐山真面目，只缘身在此山中。"人对自己母国文化的认识，也许在远离开她以后，才会有更深刻的感受。也就是说，一旦我们跳出自己曾经生活过的文化圈子，就会从一些本来是司空见惯的小事情里面发现它的文化内涵，从而开始意识到这些小事情才是我们自己特有的东西，当然也可能是别人感到陌生但有魅力的东西。

　　我常想，在国外看自己国家的文化，就如同站在镜子外面看镜子里的自己一样，往往看得更清楚。长年生活在国外的人，都能对当地的风土人情有所了解。在这样的基础上，当我们向外国人介绍我们自己的文化时，便能知道老外们知道什么，不知道什么；也能了解他们对什么感兴趣，对什么不感兴趣。或许正是因为做到了这一点，我的讲义也就能够有的放矢，达到了互相交流的目的。

　　一提到中国文化，人们往往会想到五千年的历史，想到唐诗宋词，想到京剧国画。然而对于这些令人骄傲的文化遗产，一般人在赞叹其博大精深之余，或许还会有一种说不出的威压之感。另一方面，有些对中国感兴趣的老外，可能在谈起这些中国的文化精髓时，都能如数家珍，甚至比中国人还能津津乐道，全然不需要中国人再对他们进行启蒙了。还有些学者比较愿意谈"文化论"之类的东西，动辄提出一大堆深奥的术语和理论，把普通读者弄得如坐云雾、昏昏欲睡，最后逃之夭夭。我们到底应该从什么地方入手，才能把中国文化介绍得更通俗，更具有亲和力呢？

　　"深度在表面"，其实，文化一般都生动地表现在我们日常生活的吃喝拉

撒睡里，表现在日常的语言交流和待人接物上。从这些似乎微不足道的小事里，我们很可能会发现重要的文化信息。作为一个中国人，也许有意识地感受这些信息，并能把它们揭示给自己的同胞或传达给外国朋友，才是我们最应该做的。

  本书语言尽量做到通俗易懂，但也有意使用了少量古语、成语及诗词，目的在于让读者了解语言本身也是文化的一个重要组成部分，可以从中感受其美感。本书较适合作为泛读教材，希望读者在学习中多注重内容的理解，最好就书中涉及的文化现象展开讨论，而不是纠缠词义和语法问题。

  "随风潜入夜，润物细无声"，希望本书中的每一篇文章，都能像一颗小石子，在读者心中的池塘里，泛起一阵阵涟漪，让尝惯文化大餐的读者，能通过阅读本书再玩味一下精巧的甜点所带来的特有韵味。

廉德瑰

目　录

中国人的饮食
  1　"茶"的内涵 …………………………………………（1）
  2　中国人怎样喝"酒" ………………………………（5）
  3　酸味论 ………………………………………………（10）
  4　"吃"的学问 ………………………………………（15）
  5　筷子与AA制 ………………………………………（21）
  6　"厕所"文化 ………………………………………（25）

中国的女人
  7　"男左女右"的由来 ………………………………（31）
  8　中国男人怕老婆吗 …………………………………（36）
  9　"狐狸精" …………………………………………（41）
  10　潘金莲与秦香莲 …………………………………（46）
  11　《时代周刊》与"超女" ………………………（52）
  12　摩梭人的"走婚" ………………………………（57）

曾经的时尚
  13　旗袍与中国的女性 ………………………………（63）
  14　中山装的兴衰 ……………………………………（68）
  15　残酷的时尚——缠足 ……………………………（72）
  16　嬉皮士·雅皮士·俏皮士 ………………………（77）

中国传奇故事

17	中国的情人节	(82)
18	孟姜女哭倒长城	(87)
19	中国的罗密欧与朱丽叶	(93)
20	成人之美的红娘	(98)
21	有情有义的白蛇	(103)

动物

22	龙与凤的含意	(108)
23	十二生肖的动物们	(113)
24	谈谈"狗文化"	(117)
25	"人心不足蛇吞相"	(122)
26	到底有没有野人	(126)

关于中国

27	关于中国的国名	(130)
28	"北京"名称的变迁	(135)
29	国旗的五颗星	(139)
30	清朝为什么不修长城	(144)

生词总表 .... (149)

成语及惯用语总表 .... (160)

中国人的饮食

1 "茶"的内涵

中国是最早发现和饮用茶的国家,其历史可以追溯到三皇五帝时代。俗话说,开门七件事:柴、米、油、盐、酱、醋、茶,可见,喝茶在中国人的生活中是仅次于吃饭的事情,中国有些地方把早饭叫做"早茶"不是没有道理的。另外,喝茶还与喝酒一样,是一种重要的交际手段,酒桌上有的人可以不喝酒,但是不能不饮茶。

老舍①的《茶馆》是一个大世界,它折射了中国近代社会的历史变迁和世态炎凉。"人走茶凉"一词道出了人情的淡泊,也揭示了人心的不测。日本年轻人以说"可以一起喝茶吗"向女孩儿搭讪;英语把爱和女人泡在一起的男人称为"a tea hound(茶狗)"。然而,不管是日本人还是英国人,一旦被拒绝或被抛弃,都会"茶不思,饭不想"的。

外国人只知道中国的花茶是茉莉花茶(jasmine tea),他们哪里知道,

花茶里边还有桂花茶、兰花茶、玫瑰花茶、玳玳花茶、柚子花茶等等，五花八门，数不胜数。英语的"tea"，日语的"ちゃ（qia）"等都来自于汉语。

与茶有关的历史事件也不在少数，中国历史上的方腊起义②，就是由茶商引起的；美国独立战争也与"波士顿倾茶事件"③有关；而鸦片战争④的原因表面上是肮脏的鸦片贸易，其背后则是中英两国的茶叶贸易不平衡。

茶，本来是我们的祖先用来治病的，它既有益健康，又能陶冶性情，还可促进交往。但愿茶叶给人带来的永远是和气安宁而不是争抢排斥。

注　释

① 老舍：20世纪中国著名作家，代表作有《骆驼祥子》、《茶馆》等。
② 方腊起义：北宋末年的农民起义。
③ 波士顿倾茶事件：1773年，美国茶商把英国商人的茶叶倾倒在海里，这件事成了美国独立战争的起因。
④ 鸦片战争：1840年，因为鸦片贸易，在中英两国之间发生的战争。

生　词

1. 追溯	zhuīsù	（动）	trace back to	遡る
				거슬러가다
2. 折射	zhéshè	（动）	refraction	(光が) 屈折する
				(빛이) 굴절되다

3.	变迁	biànqiān	(动)	change	变化 변천/변화하다
4.	淡泊	dànbó	(形)	not seek fame and wealth	淡泊 담백하다
5.	揭示	jiēshì	(动)	announce	示す 제시하다
6.	搭讪	dāshàn	(动)	strike up a conversation with	ナンパする 난처하게 하다
7.	肮脏	āngzāng	(形)	dirty	汚い 더럽다

成语·惯用语

1. 三皇五帝 (Sān Huáng Wǔ Dì)：均指古代的帝王，伏羲、燧人、神农为三皇，黄帝、颛顼 (Zhuānxū)、帝喾 (Kù)、唐尧 (yáo)、虞舜 (Yúshùn) 为五帝，也有其他的不同说法。

2. 世态炎凉 (shìtài yánliáng)：指人与人的关系冷漠无情，没有人情味。

3. 人走茶凉 (rén zǒu chá liáng)：指人与人分开以后，互相之间的感情就变得淡漠了。

4. 茶不思，饭不想 (chá bù sī, fàn bù xiǎng)：因为情绪消沉而不想吃喝。

5. 五花八门 (wǔ huā bā mén)：比喻花样繁多，变化多端。

6. 数不胜数 (shǔ bú shèng shǔ)：多得数不过来。

7. 陶冶性情 (táoyě xìngqíng)：比喻给人的思想性格以有益的影响。

练习

一、填空

> 人走茶凉　　茶不思，饭不想　　数不胜数　　陶冶性情

1. 他失恋了，每天（　　　　），愁眉苦脸。
2. 练书法能够（　　　　）。
3. 交往多年的朋友，离开以后就没有了音信，可谓（　　　　）。
4. 现在汽车的品牌种类多得（　　　　）。

二、将下列B组中与A组有关联的项填在括号内

A 组	B 组
甲，早茶	子，世态炎凉
乙，老舍	丑，数不胜数
丙，人走茶凉	寅，鸦片战争
丁，花茶	卯，《茶馆》
戊，茶叶贸易	辰，早饭

（甲→　　）　（乙→　　）　（丙→　　）　（丁→　　）　（戊→　　）

三、问答

1. 喝茶在中国人的生活中占有什么位置？
2. 《茶馆》折射了什么？
3. 花茶有多少种？
4. 方腊起义是由什么人引起的？
5. 茶有什么作用？

2　中国人怎样喝"酒"

传说酒是夏朝一个叫杜康①的王子从发霉的米饭中发现的,可是因为现在还没有发现夏朝时期的文字,所以关于杜康造酒的事还不能算作历史。不过,从发掘出来的夏朝以前的古墓里,考古学家发现了酒器,证明夏朝以前中国人就开始喝酒了,因此也可以说中国人喝酒的历史至少已经有四千年了。

酒在中国人的生活中扮演着十分重要的角色。中国人结婚时要喝"喜酒",新郎新娘要喝"交杯酒",朋友出门时要喝"饯行酒",亲友回来时要喝"接风酒",饭局上要互相"敬酒",惩罚对方时可以"罚酒",由此还产生一个俗语"敬酒不吃吃罚酒"。

在诸多喝酒的礼仪中,最基本的要数劝酒了。劝酒的习惯,自古有之,它体现了主人的殷勤,客人一般不能拒绝主人的礼貌相劝。劝酒是有规矩的,长辈对晚辈,上级对下级,可以令而喝之,但不能勉为其难;晚辈对长辈,下级对上级,则是敬而饮之,不能拒绝。中国人敬酒时,讲究先干为敬,自己也要喝的。敬酒时酒要斟满,表示情真意切。

常言道,无酒不成席。酒和人的关系是剪不断理还乱的。有时酒就是人生,有人独自"喝闷酒",有人"酒后吐真言",甚至还有人借酒"撒酒疯"。多少人为酒喜,为酒悲,为酒痴,为酒狂,以至于为酒生,为酒死,命运好像不在自己的手中。他们时而被酒荡漾得飘飘欲仙,时而又被酒翻卷得头破血流。人们爱死了酒,也恨透了酒,却早已离不开酒。

注 释

① 杜康：夏朝王子，传说他发明了造酒的方法。

生 词

1. 王子	wángzǐ	（名）	prince	王子 왕자
2. 发霉	fā méi		go mouldy	カビが生える 곰팡이가 끼다
3. 发掘	fājué	（动）	excavate	発掘 발굴하다
4. 古墓	gǔmù	（名）	ancient grave	古墳 고분
5. 考古学	kǎogǔxué	（动、名）	archaeology	考古学 고고학
6. 酒器	jiǔqì	（名）	cup for drink	酒の道具 술그릇, 주기
7. 扮演	bànyǎn	（动）	play	役に扮する 역을 맡아 하다
8. 角色	juésè	（名）	role	役 역할, 역
9. 喜酒	xǐjiǔ	（名）	drink at wedding	お祝い酒 축하의 술
10. 交杯酒	jiāobēijiǔ	（名）	exchange nuptial cups	夫婦固めの杯

11.	饯行	jiànxíng	（名、动）	farewell reception	餞別 전별(하다)
12.	亲友	qīnyǒu	（名）	kith and kin	親友 친우
13.	接风酒	jiēfēngjiǔ	（名）	party for a visitor from afar	歓迎会 환영주
14.	饭局	fànjú	（名）	party	パーティー 파티, 연회
15.	敬酒	jìng jiǔ		propose a toast	献杯する 권주하다
16.	惩罚	chénfá	（动）	make sb. to drink as punishment	罰する 벌을 주다
17.	罚酒	fá jiǔ		punish	罰として酒を飲ませる 벌주하다
18.	劝酒	quàn jiǔ		urge sb. to drink	酒を勧める 술을 권하다
19.	殷勤	yīnqín	（形）	eagerly attentive	手厚い 은근하다, 정성스럽다
20.	长辈	zhǎngbèi	（名）	one's senior	年長者 연장자, 선배
21.	晚辈	wǎnbèi	（名）	the younger generation	年少者 후배
22.	常言	chángyán	（名）	common saying	ことわざ、格言 격언, 속담
23.	喝闷酒	hē mènjiǔ		drink lonely	一人酒 혼자 마시는 술

24. 撒酒疯 sā jiǔfēng　　　　go mad after drunk　　酒に酔って狂態を演じる

술주정하다

 成语·惯用语

1. 勉为其难 (miǎn wéi qí nán)：勉强做能力所不及的事。
2. 敬酒不吃吃罚酒 (jìng jiǔ bù chī chī fá jiǔ)：比喻好好的劝说听，用强迫的手段却接受了。
3. 情真意切 (qíng zhēn yì qiè)：感情真挚。
4. 先干为敬 (xiān gān wéi jìng)：给别人敬酒要自己先喝下，表示尊重。
5. 剪不断理还乱 (jiǎn bú duàn lǐ hái luàn)：比喻分手之后还藕断丝连 (ǒu duàn sī lián)，不能彻底分手。
6. 酒后吐真言 (jiǔ hòu tǔ zhēn yán)：喝酒之后把心里话都说出来。
7. 飘飘欲仙 (piāopiāo yù xiān)：轻飘飘的，像浮在天空。
8. 头破血流 (tóu pò xuè liú)：比喻因顽固不回头而遭受失败。

 练 习

一、填空

勉为其难　酒后吐真言　头破血流　剪不断理还乱

1. 他（　　　　），把自己对上司的不满都告诉了同事。
2. 客人不能喝酒就不要（　　　　）。
3. 孩子在院子里玩耍，撞到了墙上，碰得（　　　　）。
4. 夫妻离婚，但有孩子在中间，关系还是（　　　　）。

二、将下列B组中与A组有关联的项填在括号内

   A 组   B 组

  甲，杜康   子，朋友出门

  乙，酒器   丑，亲友回来

  丙，交杯酒   寅，结婚

  丁，饯行酒   卯，夏朝

  戊，接风酒   辰，王子

  （甲→ ） （乙→ ） （丙→ ） （丁→ ） （戊→ ）

三、问答

  1. 中国人喝酒的历史已经有多少年了？

  2. 朋友回来的时候要喝什么酒？

  3. 长辈和上级如何劝酒？

  4. 晚辈和下级怎样劝酒？

  5. 为什么说酒跟人的关系是剪不断理还乱的？

3 酸味论

说到醋，自然使人想到酸味，而提到酸味，又不能不让人有倒牙的感觉。《伊索寓言》①里讲了一个故事，说狐狸吃不到葡萄就说葡萄是酸的。看来，酸味真不是什么好味，谁要是说酸味是美味，那狐狸的感觉就无法解释了。

然而，世间的美味里要是少了酸味肯定会大煞风景。试想，太原的刀削面要是不借助山西的老陈醋，能成就它那千年的名望吗？毫无疑问，人造的酸味当首推各种醋，据说醋是古人酿酒失败而成的。上海、无锡的小笼包，配上香醋，会让你回味无穷；名菜"糖醋鱼"的"味点"就是醋，可以说，醋是做任何鱼都不可或缺的作料。

酸味的最大特点是配合其他味，为其他味增色，既画龙点睛又解腻提味，就像京剧里的丑角，多了不行，少了平淡。酸味与甜味组合，可以让甜味甜得不那么咸，糖醋的味道让人联想到温柔的浪漫；酸味与辣味结合，可以使辣味辣得不那么麻，酸辣汤的味道让人感受到奔放的豪爽。

法国葡萄酒的魅力全在于它里边酸味的程度，少了酸味，在法文里，直接用软弱无力、委靡不振来形容，好像男人没了英雄气。

"吃醋"表示的是一种特定的语意，但是谁敢说美好的爱情里面没有一点酸味呢？厚道的宝姐姐②始终没能打动宝玉③的心，倒是才情横溢又略带点"酸劲儿"的林妹妹④，时常弄得宝玉发呆发痴。看来，恰到好处的酸味确实给人以清新、惬意和美感。

注　释

① 《伊索寓言》：作者伊索，生活在公元前6世纪的古希腊，是一个哲学家的家奴，一个丑陋无比，智慧无穷的寓言大师。
② 宝姐姐：《红楼梦》里的薛宝钗。
③ 宝玉：《红楼梦》里的男主人公贾宝玉。
④ 林妹妹：《红楼梦》里的女主人公林黛玉。

生　词

1. 倒牙 dǎo yá　　　　　　　dislike　　　　　　酸味で葉が浮く
　　　　　　　　　　　　　　　　　　　　　　이가 상하다

2. 狐狸 húli　　　　（名）　fox　　　　　　　狐
　　　　　　　　　　　　　　　　　　　　　　여우

3. 葡萄 pútao　　　（名）　grape　　　　　　葡萄
　　　　　　　　　　　　　　　　　　　　　　포도

4. 美味 měiwèi　　（名）　delicious food　　美味しいもの
　　　　　　　　　　　　　　　　　　　　　　맛있는 음식

5. 太原 Tàiyuán　（专名）Taiyuan　　　　　太原
　　　　　　　　　　　　　　　　　　　　　　태원

6. 刀削面 dāoxiāomiàn（名）sliced noodles　刀削面
　　　　　　　　　　　　　　　　　　　　　　칼면의 일종(산서성의 요리)

7. 陈醋 chéncù　　（名）　vinegar　　　　　黑酢
　　　　　　　　　　　　　　　　　　　　　　묵은 식초

8. 名望 míngwàng	（名）	fame and prestige	威信	
			명망, 위신	
9. 首推 shǒutuī	（动）	introduce	優先のお薦め	
			우선적으로 추천하다	
10. 酿酒 niàng jiǔ		make alcohlic drink	醸造する	
			양조하다	
11. 小笼包 xiǎolóngbāo	（名）	small steamed bun	小籠包	
			찐만두	
12. 糖醋鱼 tángcùyú	（名）	*tangcuyu*	甘酸っぱい魚料理	
			당초어(물고기요리)	
13. 作料 zuóliào	（名）	condiments	調味料	
			조미료	
14. 增色 zēng sè		strengthen	色を増す	
			색채를 돋구다	
15. 解腻 jiě nì		lower oily	油をとる	
			기름기를 없애다	
16. 提味 tí wèi		strengthen taste	味を増す	
			맛을 돋구다	
17. 奔放 bēnfàng	（形）	uninhibited	奔放	
			분방하다	
18. 豪爽 háoshuǎng	（形）	outspoken and straightforward	豪放	
			호방하다	
19. 吃醋 chī cù		be jealous	やきもち	
			질투하다	
20. 厚道 hòudao	（形）	kind and sincerre	温厚	
			온후하다	

中国人的饮食

21. 清新	qīngxīn	（形）	delicate and pretty	清楚 청초하다
22. 惬意	qièyì	（形）	pleased	快く感じる 상쾌하다
23. 美感	měigǎn	（名）	sence of beauty	美感 미감

成语·惯用语

1. 大煞风景（dà shā fēngjǐng）：损坏美好的景色。比喻在兴高采烈的场合使人扫兴。

2. 毫无疑问（háowú yíwèn）：一点疑问也没有。

3. 回味无穷（huíwèi wú qióng）：回味是事物吃过后的余味，引申为在回忆中体会很深。

4. 不可或缺（bùkě huòquē）：绝对不可缺少的。

5. 画龙点睛（huà lóng diǎn jīng）：比喻写文章、说话在关键的地方加上精辟的语句，使内容更加生动传神。

6. 软弱无力（ruǎnruò wúlì）：一点力气也没有。

7. 委靡不振（wěimǐ bú zhèn）：精神低迷，意志消沉。

8. 才情横溢（cáiqíng héngyì）：非常有才华。

9. 发痴发呆（fā chī fā dāi）：精神恍惚，心不在焉。

10. 恰到好处（qià dào hǎo chù）：不过分，不缺失，正好。

东方韵味——中国文化泛读教程　下册

 练　习

一、填空

> 不可或缺　画龙点睛　软弱无力　委靡不振　恰到好处

1. 那篇文章经过老师稍加改动，就起到了（　　　）的作用，突出了主题。
2. 那个演员自从出了丑闻之后就（　　　），不能很好地发挥了。
3. 辩论中反方的论点模糊不清，所以他们的反驳显得（　　　）。
4. 水是维持生命（　　　）的物质。
5. 她准确地把握了人物的性格，表演得（　　　），导演很满意。

二、将下列B组中与A组有关联的项填在括号内

　　A组　　　　　　B组

甲，伊索　　　　子，刀削面

乙，太原　　　　丑，古希腊

丙，林妹妹　　　寅，酸劲儿

丁，京剧　　　　卯，爱情

戊，吃醋　　　　辰，丑角

（甲→　）　（乙→　）　（丙→　）　（丁→　）　（戊→　）

三、问答

1. 狐狸认为酸味是美味吗？
2. 如果没有酸味会怎样？
3. 酸味最大的特点是什么？
4. 法国葡萄酒要是少了酸味会怎样？
5. 恰到好处的酸味可以给人什么感觉？

4 "吃"的学问

吃是本能，吃什么和怎么吃则是文化。法国菜享誉世界，海明威①说"巴黎是不散的宴席"；在意大利人看来，一顿晚餐远比一首好诗价值更高；孙中山②说中国菜是中国文化的象征。

在中国，南方人吃米，北方人吃面；南方人吃甜的，北方人吃咸的。中国的饺子闻名天下，做起来也不甚复杂，先擀皮和（huò）馅儿，然后包成元宝形，再像企鹅下海一样把它们赶下锅，直到这些"元宝"浮上水面，把它们捞在盘子里，就可以食用了。刚出锅的"元宝"热气腾腾，白白胖胖，活像一群小肥猪，可爱得让人不忍心用筷子戳破它们的肚皮。对中国人来说，有了饺子就有了一家的团圆，有了新年的喜庆。

其实，不管吃什么，"吃"都是人生最重要的组成部分。有位朋友在日本有很多熟人，每次出差去东京，都要忙着见这个看那个的。仔细一想，他不过是今天跟这个吃饭，明天跟那个吃饭而已。不知人生就是吃饭，还是吃饭就是人生，但至少可以说吃饭是友情，吃饭是恋爱，吃饭是生意，吃饭是政治，可别小看吃饭。

俗话说"能吃是福"，"吃吃喝喝"尤其反映了中国的文化特点。在中国，会"吃"，才能"吃香"，不会"吃"就要"吃亏"。不懂得"吃"的奥妙，甚至还会"吃不了兜着走"。章子怡③在记者会上用英语对记者说：

"What do you want?（你们想要什么）"台下有记者立刻回答说："We want you（我们想要你）"，她被记者"吃了豆腐"。

注　释

①海明威（Ernest Hemingway）：美国作家，1954年以小说《老人与海》获得了诺贝尔文学奖。
②孙中山：资产阶级革命先行者，中华民国的缔造者。
③章子怡：中国当代著名女演员。

生　词

1. 本能	běnnéng	（名）	instinct	本能 본능
2. 享誉	xiǎngyù	（动）	have good famous	有名 유명하다
3. 巴黎	Bālí	（专名）	Paris	パリ 파리
4. 宴席	yànxí	（名）	banquet	宴席、宴会 연회석
5. 意大利	Yìdàlì	（专名）	Italy	イタリア 이탈리아
6. 晚餐	wǎncān	（名）	supper	晚餐 만찬

中国人的饮食

7. 价值	jiàzhí	（名）	value	価値 가치
8. 饺子	jiǎozi	（名）	dumpling	餃子 물만두
9. 擀皮	gǎn pí		make danpling's cover	餃子の皮 をつくる 교자껍질을 빚다
10. 元宝	yuánbǎo	（名）	shoe-shaped gold or silver ingot used as money in feudal china	元宝 원보(금)
11. 企鹅	qǐ'é	（名）	penguin	ペンギン 펭귄
12. 盘子	pánzi	（名）	plate	お皿 접시
13. 筷子	kuàizi	（名）	chopsticks	お箸 저가락
14. 戳破	chuōpò	（动）	poke	突き破る 찔러터치다
15. 肚皮	dùpí	（名）	belly	お腹 배
16. 团圆	tuányuán	（动）	get together	家族ぞろい 한자리에 모이다
17. 出差	chū chāi		be on a business	出張 출장하다
18. 东京	Dōngjīng	（专名）	Tokyo	東京 도쿄

19. 仔细 zǐxì	（形）	carefull	きめ細かい,詳細 자세하다
20. 而已 éryǐ	（助）	that is all	～（た）だけだ -뿐/따름이다
21. 友情 yǒuqíng	（名）	friendship	友情 우정
22. 恋爱 liàn'ài	（动、名）	be in love	恋愛 연애
23. 生意 shēngyi	（名）	business	商売 장사, 매매
24. 尤其 yóuqí	（副）	especially	とりわけ、特に 유달리, 특히
25. 吃香 chīxiāng	（形）	be very popular	人気がある 인기있다
26. 吃亏 chī kuī		stand to lose	損をする 손해보다
27. 奥妙 àomiào	（名）	profound	秘訣 비결
28. 记者会 jìzhěhuì	（名）	press conference	記者会見 기자회견

 成语·惯用语

1. 闻名天下（wénmíng tiānxià）：在世界范围内名气很大。
2. 热气腾腾（rèqì téngténg）：热的空气、蒸气上升的样子，也比喻热烈的气氛或情绪。

3. 白白胖胖（báibáipàngpàng）：又白又胖，非常可爱。
4. 不忍心（bù rěnxīn）：不能硬着心肠做某事。
5. 吃吃喝喝（chīchihēhē）：吃饭喝酒，多形容不干正事，只顾吃喝享乐。
6. 吃不了兜着走（chī bu liǎo dōuzhe zǒu）：比喻出了问题要承担一切后果。
7. 吃豆腐（chī dòufu）：调戏妇女；拿人开玩笑，占人便宜。

 练　习

一、填空

闻名天下　热气腾腾　白白胖胖　吃吃喝喝　吃不了兜着走

1. 西湖的美景（　　　　）。
2. 新出锅的馒头（　　　　），引起了大家的食欲。
3. 那个男孩长得（　　　　）的，非常可爱。
4. 他整天跟朋友（　　　　），一点上进心也没有。
5. 走私犯告诉他不要泄露秘密，否则会（　　　　）。

二、将下列B组中与A组有关联的项填在括号内

　　A组　　　　　　　B组

甲，饺子　　　　　　子，吃面

乙，吃饭　　　　　　丑，"元宝"

丙，章子怡　　　　　寅，恋爱

丁，海明威　　　　　卯，记者会

戊，北方人　　　　　辰，巴黎

（甲→　）　（乙→　）　（丙→　）　（丁→　）　（戊→　）

三、问答

1. 中国南方人和北方人都爱吃什么样的食物？
2. 怎样包饺子？
3. 刚出锅的饺子什么样？
4. 吃饭意味着什么？
5. 不懂得吃的奥妙会怎么样？

中国人的饮食

5　筷子与AA制

筷子是中国人的一大发明。如果《史记》①的记载没错的话，商纣王②的筷子是象牙的。

西方人用刀叉吃饭，左右开弓，刀光剑影，充分体现了金属的坚韧和西方人的尚武精神；而中国人则用筷子吃饭，两根竹棒，运用自如，形象地反映了力学的原理和中国人的灵活性格。

中国人不但用筷子给自己夹菜，而且还用筷子为客人夹菜，这个习惯可能很古老了，大多数中国人都知道这么做显得很热情。不过在当今的国际化时代，外国人也许接受不了这种热情，怎么能用自己吮过的筷子为别人夹菜呢？传统未必都是合理的，这种不卫生的习惯还是改了的好，感情好不在于是否夹了菜。

说到卫生，分餐制就比较好，可惜闹完了"非典"，现在早没人再提这茬儿了。别说分餐，中国人连分账都难以做到。香港人把"AA制"理解为"all apart（全部分开）"，其实，英语的"AA制"是"let's go dutch（让我们做荷兰人吧）"，意思是"我们各付各的吧"。这里"AA制"的意义已经不是卫生不卫生的问题了。

也许在英国人看来，荷兰人的小气是有名的。然而"AA制"却不一定是经济拮据的代名词，它应该是个人主义和民主、自由的产物，因为它体现的是吃饭各方的民主、自由和随意。中国人说的"亲兄弟，明算账"，也许有它的道理。因为就算是好意，也没必要强加给别人。

注　释

① 《史记》：中国第一部纪传体通史，西汉司马迁著。
② 纣王：商朝最后一个王。

生　词

1. 记载	jìzǎi	（动、名）	record	記載 기재하다
2. 刀叉	dāochā	（名）	knife and fork	ナイフとフォーク 나이프와 포크
3. 坚韧	jiānrèn	（形）	firm and tenacious	強靭である 강인하다
4. 尚武	shàngwǔ	（形）	like force	武力が好き 무력을 즐기다
5. 灵活	línghuó	（形）	nimble	臨機応変的 영활하다
6. 分餐	fēncān	（名）	eat differently	大皿から各自取り分ける 따로 담다
7. 可惜	kěxī	（形）	it's a pity	惜しい 아쉽다
8. 非典	fēidiǎn	（名）	SARS	サーズ 사즈

9. AA制	AA zhì	（名）	go Dutch	割り勘	
				추렴, 각자부담	
10. 小气	xiǎoqi	（形）	stingy	けちくさい	
				째째하다, 인색하다	
11. 拮据	jiéjū	（形）	short of money	経済状態が逼迫している	
				경제상황이 넉넉치 못하다	
12. 随意	suíyì	（形）	at will	随意	
				수의, 마음대로다	

  成语·惯用语

1. 左右开弓（zuǒ yòu kāi gōng）：比喻从两个方向做同一动作，也指同时做几项工作。
2. 刀光剑影（dāo guāng jiàn yǐng）：形容激烈的厮杀、搏斗或杀气腾腾的气势。
3. 运用自如（yùnyòng zìrú）：运用得十分熟练。
4. 提这茬儿（chá）：提这件事。
5. 各付各的（gè fù gè de）：分开付账，自己付自己的。
6. 亲兄弟，明算账（qīn xiōngdì, míng suàn zhàng）：关系再好也要把账算清楚。

  练 习

一、填空

左右开弓　刀光剑影　运用自如　各付各的

1. 他可以用两只手写字，（　　　　），游刃有余。

2. 他们一起出去吃饭都是（　　　）账。

3. 双方在谈判桌上也是针锋相对，（　　　）的。

4. 没多久他就学会了电脑，而且很快就能（　　　）了。

二、将下列B组中与A组有关联的项填在括号内

  A 组　　　　　　　B 组

  甲，纣王　　　　　子，尚武精神

  乙，金属　　　　　丑，象牙筷子

  丙，分餐　　　　　寅，个人主义

  丁，AA制　　　　　卯，夹菜

  戊，筷子　　　　　辰，卫生

（甲→　　）　（乙→　　）　（丙→　　）　（丁→　　）　（戊→　　）

三、问答

  1. 刀叉和筷子各有什么特点？

  2. 中国人使用筷子有什么习惯？

  3. 中国人能做到分餐制吗？

  4. AA制是什么意思？

  5. AA制体现了什么？

6 "厕所"文化

即使在今天,世界上仍有好多地方没有厕所,那些人们保持着人类原始的状态,随时随地解决着问题。比较起来,有五千年文明的中国就好多了,因为中国有厕所。

在汉语里,厕所,俗称"茅坑",后来叫"茅房",再后来叫"便所",现在流行叫"卫生间"、"洗手间",越来越文雅,越来越含蓄。有的地方使用英文,叫"WC"或"toilet"。其实,这两个英文词,充其量也只能翻译成"茅房",并不文雅。

有没有厕所,这是文明程度高低的问题,也是讲不讲卫生的问题。史料有中国人讲卫生的记载,商朝规定乱扔垃圾者"断其手",到了秦朝则规定,"弃灰于道者黥"①,即,在脸上刺记号,然后涂上墨。

不知道历史的记载反映了中国人的讲卫生还是不讲卫生。不过,如果举行一个世界厕所博览会,那么现在中国各地的厕所肯定是很糟糕的。中国人似乎只注重"进"的文明,不太注重"出"的文明。中国菜美名天下,中国的厕所也臭名天下。听说个别地方修建了豪华厕所,但一俊岂能遮百丑,就

整体而言,中外的游客还是不敢恭维中国的公厕。

中国人认为厕所是见不得人的地方,所以使用起来也不太在意。可在好多发达国家,厕所往往是最干净的地方。英国有位厕所清洁员,为了让男厕所更清洁,就在小便池里画了一个苍蝇,于是,男士们都照准那只"苍蝇"发动攻击。从此,男厕所的地板更加干净了。

不管怎么样,讲卫生应该从厕所开始,讲文明也应该从厕所开始才是真正的清洁卫生。

注 释

① "弃灰于道者鲸":意思是往道路上扔垃圾者,在脸上刺字。

生 词

1. 厕所	cèsuǒ	(名)	toilet	トイレ 변소
2. 保持	bǎochí	(动)	keep	保持 유지하다
3. 状态	zhuàngtài	(名)	state of affairs	状態 상태
4. 茅坑	máokēng	(名)	latrine pit	トイレ 변소
5. 茅房	máofáng	(名)	latrine	トイレ 변소

中国人的饮食

6. 便所 biànsuǒ	（名）	toilet	便所 변소	
7. 卫生间 wèishēngjiān	（名）	lavatory	お手洗い 화장실	
8. 洗手间 xǐshǒujiān	（名）	lavatory	お手洗い 화장실	
9. 文雅 wényǎ	（形）	urbane	上品 고상하다, 우아하다	
10. 含蓄 hánxù	（形）	contain	感情を内に秘めている 함축성 있다	
11. 充其量 chōngqíliàng	（副）	at most	せいぜい 기껏해야	
12. 商朝 Shāng Cháo	（专名）	*Shang* dynasty	殷朝 은나라, 은조	
13. 垃圾 lājī	（名）	rubbish	ごみ 쓰레기	
14. 秦朝 Qín Cháo	（专名）	*Qin* dynasty	秦朝 진나라, 진조	
15. 博览会 bólǎnhuì	（名）	fair	博覧会 박람회	
16. 糟糕 zāogāo	（形）	too bad	めちゃくちゃである 엉망이 되다	
17. 注重 zhùzhòng	（动）	lay stress on	大事にする 소중히 여기다	

18. 豪华 háohuá	（形）	luxurious	豪華 호화롭다
19. 岂能 qǐnéng	（副）	(isn't)	どうして~できようか 어찌 – ㄹ 수 있겠는가
20. 恭维 gōngwei	（动）	flatter	お世辞 발림말,아부의 말
21. 公厕 gōngcè	（名）	public toilet	公共トイレ 공중화장실
22. 干净 gānjìng	（形）	clean	きれい 깨끗하다
23. 清洁员 qīngjiéyuán	（名）	cleaning sttaf	清掃員 청소공
24. 小便 xiǎobiàn	（名）	urinate	小便 소변
25. 苍蝇 cāngying	（名）	fly	蝿 파리
26. 照准 zhàozhǔn	（动）	take aim	狙う 묘준하다
27. 攻击 gōngjī	（动）	attack	攻撃 공격하다
28. 地板 dìbǎn	（名）	floor	床 마루

成语·惯用语

1. 随时随地（suí shí suí dì）：任何时候、任何地点。

2. 美名天下（měimíng tiānxià）：在世界上有好的声誉。

3. 臭名天下（chòumíng tiānxià）：在世界上有坏的影响。

4. 一俊遮百丑（yí jùn zhē bǎi chǒu）：一件好事掩盖了其他不好的事情。

5. 见不得人（jiànbudé rén）：不能公开的，不能让人知道的。

练 习

一、填空

| 随时随地　臭名天下　一俊遮百丑　见不得人 |

1. 这位民间魔术家（　　　）都能即兴演出。

2. 我们班虽然很多人没考上大学，但有一个学生考上了北京大学，也算（　　　）。

3. 做了（　　　）的事，你还好意思到处说？

4. 这个干了很多坏事的恐怖组织已经（　　　）了。

二、将下列B组中与A组有关联的项填在括号内

  A 组　　　　　　　　**B 组**

 甲，商朝　　　　　　子，一俊遮百丑

 乙，中国菜　　　　　丑，"断其手"

 丙，豪华厕所　　　　寅，美名天下

 丁，清洁员　　　　　卯，照准

 戊，男士　　　　　　辰，苍蝇

（甲→　）　（乙→　）　（丙→　）　（丁→　）　（戊→　）

三、问答

1. 文中提到中国在哪方面好多了?
2. 厕所有哪些俗称?
3. 文中提到秦朝规定了什么?
4. 游客们对中国厕所的评价高吗?
5. 中国人认为厕所是什么样的地方?

中国的女人

7 "男左女右"的由来

在中国的传统文化中,什么事都要分三六九①等,都有高低贵贱之分,就连东西南北、前后左右这些方向也不能例外。古代的中国人一向把"北"视为至尊,把"南"视为臣服。所以,帝王的宝座是坐北朝南的,宫殿和庙宇也都是面朝正南的;当上皇帝叫"南面称尊",臣服于他人叫"北面称臣",就连打了败仗都叫"败北"。

在方向上,除了"北尊南卑"之外,古人还以"东"为首,以"西"为次。又因为"东"在"南"的左边,因此,"左"也就借了"东"的光,跟着高贵了起来。

31

自然界的事物都有大小、长短、上下、左右之分，古人根据阴阳思想②把大、长、上、左归为阳，小、短、下、右归为阴。阳者刚强，阴者柔弱。人的性格，男子性暴，刚强属于阳，是左；女子性温，柔和属于阴，是右。于是就有了"男左女右"之说。

在我们的日常生活中，男左女右的观念渗透到了各个方面。上公共厕所是男左女右，看手相是男左女右，戴婚戒是男左女右，拍结婚照也是男左女右。

看来，男左女右既与"男尊女卑"有关，也与阴阳思想有关。签名时，若是夫妻，必是丈夫的大名写在前，妻子如一个后缀添加其后。中国人不像西方人那样事事讲究"lady first（女士优先）"。当然，现在的中国人也开始学着外国人的样子说起"女士们，先生们"来了，"男左女右"的传统好像受到了强力的冲击。

注　释

① 三六九等：许多等级，种种差别。
② 阴阳思想：中国古代哲学，是宇宙中万事万物的两大对立面。

生　词

1. 至尊	zhìzūn	（形、名）	most noble	最も尊敬に值する 지존,최상
2. 臣服	chénfú	（动）	submit oneself to the rule	臣服 신복
3. 宫殿	gōngdiàn	（名）	palace	宫殿 궁전

4.	庙宇 miàoyǔ	（名）	temple	寺院 사당
5.	皇帝 huángdì	（名）	emperor	皇帝 황제
6.	败北 bàiběi	（动）	suffer defeat	敗北 실패하다, 패북하다
7.	高贵 gāoguì	（形）	noble	身分高い 고귀하다
8.	刚强 gāngqiáng	（形）	firm	強い 강의하다
9.	柔弱 róuruò	（形）	weak	弱い 연약하다
10.	渗透 shèntòu	（动）	permeate	浸透 침투하다
11.	手相 shǒuxiàng	（名）	palmistry	手相 손금, 수상
12.	签名 qiān míng		sign one's name	サイン 서명하다
13.	后缀 hòuzhuì	（名）	suffix	接尾辞 접미사
14.	讲究 jiǎngjiu	（动、形）	strive for	重んじる 중요시하다
15.	婚戒 hūnjiè	（名）	wedding ring	結婚指輪 결혼반지
16.	冲击 chōngjī	（动）	lash	衝撃 충격하다

中国的女人

成语·惯用语

1. 高低贵贱 (gāo dī guì jiàn)：指人的社会地位有高有低。
2. 坐北朝南 (zuò běi cháo nán)：指建筑物等面朝南方。
3. 男左女右 (nán zuǒ nǚ yòu)：男的在左边，女的在右边。
4. 男尊女卑 (nán zūn nǚ bēi)：按照封建礼教，男子社会地位高，女子社会地位低。

 练 习

一、填空

高低贵贱　　坐北朝南　　男左女右　　男尊女卑

1. 古代的庙宇都是（　　　　）的。
2. 儒家思想是中国文化的精华，但它的（　　　　）思想是应该摒弃的。
3. （　　　　）虽然已经成了习惯，但它的来源却与男尊女卑思想有关。
4. 儒家既讲究以人为本，也认为人有（　　　　），缺乏平等意识。

二、将下列B组中与A组有关联的项填在括号内

　　　A 组　　　　　　　B 组

　　甲，北　　　　　　子，坐北朝南

　　乙，帝王的宝座　　　丑，刚强

　　丙，男子　　　　　　寅，"女士们，先生们"

　　丁，看手相　　　　　卯，至尊

　　戊，外国人　　　　　辰，男左女右

（甲→　）　（乙→　）　（丙→　）　（丁→　）　（戊→　）

三、问答

1. "南"和"北"在中国人心目中的地位怎样？
2. 为什么说"左"借了"东"的光？
3. "阴"和"阳"分别有什么特点？
4. 生活中的哪些方面渗透了"男左女右"的观念？
5. 为什么说"男左女右"的传统受到了冲击？

8　中国男人怕老婆吗

中国的儒家是讲究"男尊女卑"和"三从四德"①的，但那是中国的过去，不是中国的现在。现在的中国讲究"男女平等"，讲究"妇女能顶半边天"②，甚至有的女性有的时候要占大部分天。

"妻管严"是"妻子管得太严"的缩略语，又是病名"气管炎"的谐音，听起来很有意思。说"妻管严"要比说"怕老婆"文雅幽默一点。在生活中，我们不难发现，已婚的男子汉们常常会互相调侃，说某人是"妻管严"，大家并不以此为耻。

其实，"怕老婆"绝非是当今个别男子汉的专利。即使在封建礼教严格的古代也有怕老婆的。宋朝时，有一个姓陈、别号"龙丘居士"的书生，他的妻子柳氏出身当地河东的显贵家庭，从小娇生惯养，性情暴躁，与陈龙丘结婚以后，决不允许他拈花惹草。有一次，陈龙丘在家请客，顺便也请来歌女助兴，柳氏顿时醋性大发，拿起一根棍子，一边敲墙一边大骂，吓得陈龙丘手杖都掉到了地上。

苏东坡曾写了一首诗嘲笑陈龙丘："忽闻河东狮子吼③，拄杖落地心茫然","河东狮吼"一词便从此成了强悍妻子的代名词。在汉语里，除了"河东狮子"，还用"母老虎"来称厉害的女人。"妻管严"们，不敢对抗自己的"狮子"、"老虎"，就给她们起了可怕的名字，可见"怕老婆"是有精神压力的，有医生指出，"怕老婆是胃溃疡和冠心病发病的重要原因"。

注　释

① 三从四德（sān cóng sì dé）：封建礼教的传统，内容是在家从父，出嫁从夫，夫死从子和妇德（德行）、妇言（言行）、妇容（容貌）、妇功（手工活儿）。

② 妇女能顶半边天（fùnǚ néng dǐng bànbiāntiān）：意思是女子如同男子一样，同样能为社会做贡献。

③ 河东狮子吼（Hédōng shīzi hǒu）：苏轼在诗里讽刺怕老婆的朋友，后人把强悍霸道的女人称为"河东狮子"。

生　词

1. 妻管严	qīguǎnyán	（名）	henpecked hisband	恐妻家 공처가
2. 缩略语	suō lüè yǔ	（名）	abbreviation	略語 약어
3. 怕老婆	pà lǎopo		to fear wife	妻を怖がる 처를 무서워하다

4. 显贵	xiǎnguì	（形）	noble class	身分高い 신분이 높다
5. 性情	xìngqíng	（名）	temperament	性格 성격
6. 暴躁	bàozào	（形）	irascible	気が荒い 조폭하다
7. 助兴	zhù xìng		add to the fun	興を添える 흥을 돋구다
8. 歌女	gēnǚ	（名）	singer	歌手 가수
9. 手杖	shǒuzhàng	（名）	walking stick	杖 지팡이
10. 嘲笑	cháoxiào	（动）	laugh at	あざける 비웃다
11. 茫然	mángrán	（形）	ignorant	茫然自失 망연자실하다
12. 强悍	qiánghàn	（形）	ferocipus	勇ましい 용맹스럽다, 사납다
13. 母老虎	mǔlǎohǔ	（名）	tigress	雌のトラ 암펌
14. 胃溃疡	wèikuìyáng	（名）	gastric ulcer	胃潰瘍 위궤양
15. 冠心病	guānxīnbìng	（名）	coronaryheartdisease	冠状動脈性心臓病 관상동맥경화증

成语·惯用语

1. 封建礼教（fēngjiàn lǐjiào）：旧传统中束缚人的思想行动的礼节和道德。
2. 娇生惯养（jiāo shēng guàn yǎng）：从小被溺爱。
3. 拈花惹草（niān huā rě cǎo）：指男人勾引女人。
4. 醋性大发（cùxìng dà fā）：嫉妒的情绪一下子发作（多指在男女关系上）。

练 习

一、填空

> 妇女能顶半边天　　封建礼教　　娇生惯养　　拈花惹草

1. 女人的能力一点儿也不比男人差，在有些方面还比男人强，因此人们常说"（　　　　）"。
2. 他是个生活作风不严谨的人，总喜欢（　　　　）。
3. 她从小（　　　　），上了大学以后仍然不能料理自己的生活。
4. 旧社会，（　　　　）束缚了人们的自由，压抑了人性的发展。

二、将下列B组中与A组有关联的项填在括号内

　　A 组　　　　　　　B 组

甲，妻管严　　　　　子，手杖掉到地上

乙，陈龙丘　　　　　丑，性情暴躁

丙，柳氏　　　　　　寅，强悍妻子

丁，河东狮子　　　　卯，胃溃疡

戊，怕老婆　　　　　辰，妻子管得太严

（甲→　）（乙→　）（丙→　）（丁→　）（戊→　）

三、问答

1. 文中提到中国的儒家讲究什么？
2. 文中提到现在的中国讲究什么？
3. "妻管严"是什么意思？
4. 陈龙丘的妻子是个什么样的女人？
5. 苏东坡是怎样嘲笑陈龙丘的？

9 "狐狸精"

古人认为狐狸是一种"妖兽",名声也一向不怎么好。人们把诡计多端的男人叫"老狐狸";不三不四的朋友叫"狐朋狗友";专门勾引和欺骗男人的女人叫"狐狸精"。

历史上,中原人称北方少数民族为"胡人",认为胡人来自蛮夷①之地,肯定无礼仪、无教化,是愚昧无知、粗野放荡的。"胡说"一词就与胡人的语言有关;又因为"胡"与"狐"发音相同,且胡人身上又有一股"狐味",所以汉族人故意把胡人称为"狐人"。

李白的诗中有"胡姬貌如花,当垆笑春风②"的诗句。据说胡姬很"媚",所谓"媚"就是美好、可爱,能吸引男人的意思。正因为如此,汉人才把胡姬的"媚"说成是"狐媚",意思显然是狐狸的"媚"。

英语里把能让女性神魂颠倒的眼神称作"killer(杀手)"。而汉语的"媚笑",则是指女人的笑,这是一种对男人极具杀伤力的笑。在英语里,如果称女人为"fox(狐狸)"是没有贬义的,而如果说哪个女人"foxy(狐媚?)",那是说她性感,是在赞美她。

然而,中国的正经人,特别是正经女人,却有一种"厌狐"情结,因为"狐狸精"挑战了传统,挑战了压抑和虚伪的女人观。

在中国，千百年来，狐狸承载了不该承载的文化含义。中国的正经男人特别是正经女人，宁可不公正地对待狐狸，也不愿正面肯定"狐媚"的美。

注　释

① 蛮夷（mányí）：中国古代指少数民族。古代中国人把周边少数民族分别称为"南蛮（mán）""北狄（dí）""东夷（yí）""西戎（róng）"。

② "胡姬貌如花，当垆笑春风"：意思是胡人的女子非常漂亮，在酒店旁边笑起来非常亲切。

生　词

1. 妖兽	yāoshòu	（名）	monster	怪物 요물
2. 名声	míngshēng	（名）	reputation	評判 명성
3. 一向	yíxiàng	（副）	earlier	いつも 늘, 언제나
4. 老狐狸	lǎohúli	（名）	crafty scoundrel	ずるいおやじ 늙은 너구리
5. 狐狸精	húlijīng	（名）	the women who temp man	狐の化け物 요정

6. 中原 Zhōngyuán	（专名）	centre China	中原 중원
7. 礼仪 lǐyí	（名）	etiquette	礼儀 예의
8. 教化 jiàohuà	（名）	education	教化 교화
9. 胡说 húshuō	（动）	talk nonsense	でたらめを言う 헛소리
10. 狐媚 húmèi	（名）	bewitch by cajolery	こびる 아양떨다, 요염하다
11. 杀伤力 shāshānglì	（名）	the power of kill and wound	殺傷力 살상력
12. 贬义 biǎnyì	（名）	meaning	悪い意味 나쁜 뜻
13. 性感 xìnggǎn	（形）	sexy	セクシー 섹시하다
14. 正经人 zhèngjīngrén	（名）	a decent matter	真面目な人 정파다운 사람
15. 情结 qíngjié	（名）	plot	感情 감정
16. 压抑 yāyì	（动）	contain	重苦しい 억압하다, 누르다
17. 承载 chéngzài	（动）	assume	乗せる 싣다

 成语·惯用语

1. 诡计多端 (guǐjì duōduān)：有很多狡诈的计策。
2. 狐朋狗友 (hú péng gǒu yǒu)：不正经、没有正事的朋友。
3. 愚昧无知 (yúmèi wúzhī)：缺乏知识，愚蠢、不明事理。
4. 粗野放荡 (cūyě fàngdàng)：粗鲁、没礼貌，放纵，不受约束，行为不检点。
5. 神魂颠倒 (shénhún diāndǎo)：神志不正常，精神恍惚。

 练习

一、填空

诡计多端　愚昧无知　不三不四　神魂颠倒

1. 犯罪集团头目（　　　　），警察几经周折才使他落入法网。
2. 一些因为（　　　　），误信了邪教，连父母都不相认了。
3. 他因为看武侠小说，被弄得（　　　　），不能安心工作。
4. 孩子交了一些（　　　　）的朋友，现在开始学坏了。

二、将下列B组中与A组有关联的项填在括号内

　　　　A 组　　　　　　　B 组

　　甲，狐狸　　　　　　子，狐狸精

　　乙，女人　　　　　　丑，妖兽

　　丙，胡人　　　　　　寅，狐人

　　丁，killer（杀手）　　卯，厌狐情结

　　戊，正经人　　　　　辰，神魂颠倒的眼神

（甲→　）（乙→　）（丙→　）（丁→　）（戊→　）

三、问答

1. 狐狸一般被用来形容什么样的人？
2. 中原人如何看待北方少数民族？
3. 对于"狐媚"，东西方人的看法有什么不同？
4. 中国的"正经人"为什么有"厌狐"情结？
5. 狐狸遭受了怎样的对待？

10　潘金莲与秦香莲

在《水浒传》中，潘金莲只不过是个小人物，关于她，给人留下的印象也无非是"挑逗武松"、"私通西门庆"、"毒死武大郎"这么三个情节，但她却是《金瓶梅》的主要人物。

潘金莲，是个年方二十，长得颇有些姿色的女人，在一大户人家当使女。那老迈的张大户要缠她，潘金莲不从，张大户恼羞成怒，就强迫她嫁给丑陋窝囊的矮子武大郎，还倒陪了一些嫁妆，不要武大郎一文钱。一朵鲜花插在了一摊牛粪上。

秦香莲

潘金莲

然而，作为使女，潘金莲是不能违抗主人旨意的，因为那时的女人没有权力自己选择男人。尽管她不爱武大郎，也不能与之离婚，那个时候的女人也不能提出离婚。这便是她后来"挑逗"、"私通"和"杀人"的基本背景，也正因为如此，她成了中国人所不齿的坏女人。

秦香莲在中国也是家喻户晓的，年轻时丈夫出外追求功名，长年杳无音信。她在家含辛茹苦，养大一双儿女，还发送了公婆。特别是她还能守身如玉。多年以后，她听说丈夫在京城做了大官，便携儿带女去投奔。谁知丈夫早已娶了公主，拒不承认她是自己的发妻，还想杀人灭口。最后这个忘恩负义的丈夫被黑脸的包公①用铡刀处死了。秦香莲成了中国人同情的好女人。

古代的人常编造一些伦理道德让女人遵守，秦香莲与潘金莲，一个守了，一个没守。守的为别人活着，活得规矩但是悲惨；不守的为自己活着，活得快活但是遭到了报应。古代中国的传统是不允许人为自己活着的，特别是女人。

注　释

① 包公：传统剧目中铁面无私的法官，他用一个大铡刀对有罪的恶人处以极刑。

生　词

1.《水浒传》Shuǐhǔ Zhuàn　（专名）Water Margin　水浒传
　　　　　　　　　　　　　　　　　　　　　　　　　수호전

2. 潘金莲　Pān Jīnlián　　（专名）　the figure of Water Margin　　潘金蓮 / 반금련

3. 挑逗　tiǎodòu　　（动）　provoke　　誘惑 / 유혹

4. 私通　sītōng　　（动）　commit adultery　　私通、不倫 / 사통하다

5. 情节　qíngjié　　（名）　plot　　プロット / 정절, 줄거리

6. 《金瓶梅》Jīnpíngméi　　（专名）　The Plum in the Golden Vase　　金瓶梅 / 금병매

7. 颜色　yánsè　　（名）　good-looking　　色 / 색

8. 使女　shǐnǚ　　（名）　maid　　メード / 하녀

9. 老迈　lǎomài　　（形）　old people　　老け込む / 늙다, 늙어빠지다

10. 丑陋　chǒulòu　　（形）　ugly　　醜い / 누추하다, 밉다

11. 窝囊　wōnang　　（形）　feel vexed　　不器用 / 무능하다

12. 矮子　ǎizi　　（名）　a short person　　背の低い人 / 난쟁이

13. 武大郎　Wǔ Dàláng　　（专名）　person's name　　武大郎 / 무대랑

14. 嫁妆　jiàzhuang　　（名）　dowry　　嫁入り道具 / 함(결혼준비물)

中国的女人

15. 鲜花 xiānhuā	（名）	flower	お花
			꽃
16. 牛粪 niúfèn	（名）	ox's excrement	牛糞
			소똥
17. 违抗 wéikàng	（动）	disobey	逆らう
			거슬다, 위반하다
18. 旨意 zhǐyì	（名）	order	意図
			의도
19. 选择 xuǎnzé	（动）	election	選択
			선택하다
20. 秦香莲 Qín Xiānglián	（专名）	the name of person	秦香蓮
			진향련
21. 发送 fāsòng	（动）	send	送る
			보내다
22. 勾引 gōuyǐn	（动）	tempt	誘う
			홀리다, 유인하다
23. 公主 gōngzhǔ	（名）	princess	お姫
			공주
24. 投奔 tóubèn	（动）	go and seek assistance	身を寄せる
			투신하다, 찾아가다 7
25. 发妻 fàqī	（名）	wife	最初の妻
			첫 마누라, 본처
26. 悲惨 bēicǎn	（形）	miserable	惨め
			비참하다
27. 快活 kuàihuo	（形）	happy	快楽
			유쾌하다

28. 报应 bàoyìng　　　　　（动名）retribution　　　　　報い
　　　　　　　　　　　　　　　　　　　　　　　　　　　보응; 보답

 成语·惯用语

1. 恼羞成怒（nǎo xiū chéng nù）：由于羞愧和恼恨而发怒。
2. 家喻户晓（jiā yù hù xiǎo）：家家户户都知道。
3. 追求功名（zhuīqiú gōngmíng）：古代人为谋求出人头地而参加科举考试。
4. 杳无音信（yǎo wú yīn xìn）：一点消息也没有。
5. 含辛茹苦（hán xīn rú kǔ）：经历很多辛苦。（茹：吃）
6. 守身如玉（shǒu shēn rú yù）：不随便与男人发生性关系。
7. 携儿带女（xié ér dài nǚ）：带着孩子（去某个地方）。
8. 杀人灭口（shā rén miè kǒu）：为了不泄密而杀人。
9. 伦理道德（lúnlǐ dàodé）：人与人相处的各种道德准则。

 练　习

一、填空

恼羞成怒　家喻户晓　追求功名　杳无音信　含辛茹苦

1. 成龙在中国是一位（　　　）的明星。
2. 古代的人为了（　　　），都要废寝忘食地学习。
3. 父母（　　　）把孩子拉扯大，很不容易。
4. 张大户（　　　），把潘金莲嫁给了武大郎。
5. 秦香莲的丈夫出外多年，（　　　），最后还想抛弃秦香莲。

二、将下列B组中与A组有关联的项填在括号内

A 组　　　　　　B 组

甲，挑逗　　　　子，铡刀

乙，私通　　　　丑，牛粪

丙，矮子　　　　寅，武松

丁，鲜花　　　　卯，武大郎

戊，包公　　　　辰，西门庆

（甲→　）　（乙→　）　（丙→　）　（丁→　）　（戊→　）

三、问答

1. 关于潘金莲，在《水浒传》里有哪三个主要情节？
2. 张大户为什么恼羞成怒？
3. 潘金莲为什么不跟武大郎离婚？
4. 丈夫外出以后，秦香莲在家做了什么？
5. 秦香莲找到丈夫了吗？结果怎么样？

11 《时代周刊》与"超女"

2005年10月3日的美国《时代周刊》①杂志的封面刊登了"超女"明星李宇春的照片,这震撼了中国所有的媒体。《时代周刊》是什么?李宇春又是谁?为什么她上了这个杂志的封面就能引起这么大的反响?

《时代周刊》是美国著名新闻杂志,由于它在世界上的影响力,上了它的封面就能一时成为世界的话题。《时代周刊》选择中国人作封面,是反映美国人对中国的看法的。比如,1951年的周恩来封面题目是"共产主义者周恩来",点题是"美国的敌人也是中国的敌人";1984年,他们选了一个身穿绿色军大衣,头戴棉帽子的农村男人,手里拿着一个玻璃的可口可乐瓶子,脸上开心地笑着,题目是"中国新面貌",可口可乐瓶子别有寓意。

2005年这家杂志第二次选用了一个普通中国人作封面,她就是"超女"冠军李宇春。封面上的李宇春身穿黑色上衣,戴着银色项链,浅浅地笑着,展示的是当代中国年轻人的风貌和自信,《时代周刊》把这期的标题定为"亚洲的英雄"。

"超级女声"是2005年一个不能不提的文化现象,据说这个节目的人气度超过了中央电视台的王牌节目春节联欢晚会②。《时代周刊》说:"'超级女声'这个节目是由观众自己选出自己心中的偶像,挑战了中国传统观念,在中国很不容易。"

《时代周刊》似乎在李宇春身上寄托了点什么,但中国人自己却认为这是小题大做,因为中国人是不会按别人的期待行事的。

注　释

①《时代周刊》：美国著名新闻杂志，它的封面经常刊登世界风云人物的照片，由于它在世界范围内发行，所以经常能引起人们的议论和反响。

②春节联欢晚会：中国每年除夕夜晚，中央电视台播放的娱乐节目。

生　词

1. 杂志	zázhì	（名）	magazine	雑誌　잡지
2. 封面	fēngmiàn	（名）	cover	表紙　표지
3. 刊登	kāndēng	（动）	carry	載せる　싣다, 게재하다
4. 明星	míngxīng	（名）	star	スター　스타
5. 震撼	zhènhàn	（动）	shake	震撼　진감하다
6. 反响	fǎnxiǎng	（名）	repercussion	反響　반향
7. 影响力	yǐngxiǎnglì	（名）	influence	影響力　영향력
8. 话题	huàtí	（名）	theme of conversation	話題　화제

9. 敌人 dírén	（名）	enemy	敵 적
10. 大衣 dàyī	（名）	coat	コート 코트
11. 帽子 màozi	（名）	hat	帽子 모자
12. 玻璃 bōli	（名）	glass	ガラス 유리
13. 瓶子 píngzi	（名）	botlle	瓶 병
14. 面貌 miànmào	（名）	face	面貌 면모
15. 寓意 yùyì	（名）	message	意味 의미
16. 项链 xiàngliàn	（名）	necklace	ネックレス 목거리, 네클리스
17. 风貌 fēngmào	（名）	characteristic style and features	風貌 풍모
18. 标题 biāotí	（名）	title	タイトル 제목
19. 节目 jiémù	（名）	programme	番組 프로
20. 人气 rénqì	（名）	popularity	人気 인기
21. 偶像 ǒuxiàng	（名）	idol	アイドル 우상, 아이들

22. 挑战	tiǎozhàn	（动）	challenge	挑戦 도전하다
23. 期待	qīdài	（动）	expect	期待 기대하다
24. 行事	xíngshì	（动）	act	行動 행동하다
25. 王牌	wángpái	（名）	trump card	切り札 왕패, 최후수단, 비방

成语·惯用语

1. 小题大做（xiǎo tí dà zuò）：比喻把小事当做大事来办，有不值得这样做的意思。

练 习

一、填空

共产主义　小题大做　不能不提　传统观念

1. 有些人把父母送到了敬老院，但大多数人由于受（　　　）的束缚，还不能接受这种作法。

2. （　　　）是一种信仰，也是一种学说。

3. 提到2006年的世界杯足球赛，就（　　　）奇达内头顶马特拉奇。

4. 因为学生在作文中批评了学校的一些做法，就让学生退学，真是（　　　）。

二、将下列B组中与A组有关联的项填在括号内

   A 组   B 组

  甲，李宇春   子，中央电视台

  乙，《时代周刊》   丑，玻璃瓶子

  丙，周恩来   寅，共产主义

  丁，可口可乐   卯，美国杂志

  戊，春节联欢晚会   辰，"超女"

  （甲→ ）（乙→ ）（丙→ ）（丁→ ）（戊→ ）

三、问答

 1.《时代周刊》是什么？

 2. 上了《时代周刊》的封面会怎样？

 3. 春节联欢晚会是个什么节目？

 4.《时代周刊》上的李宇春是怎样的？

 5.《时代周刊》是怎样评点"超级女声"的？

12　摩梭人的"走婚"

在四川省西南与云南省西北的交界处，美丽的泸沽（Lúgū）湖畔，居住着一个以女性为中心的族群——摩梭人。在摩梭人的家庭里，女性是占主导地位的，孩子只有母亲，没有父亲，家庭里的男人不是舅舅就是兄弟。这个族群现今约有人口45000人，因为他们实行的是一种叫"走婚"①的婚姻制度，所以一直吸引着人们的好奇心。

摩梭人自古以来，男不娶，女不嫁，男女之间是以纯感情为基础的自由恋爱关系。女孩子到了十三岁，要搬到木楼里去单独居住，十八岁以后可以结交"阿柱"（即男情人）。而男人则要自己出去结交"阿夏"（即女情人），找到以后，晚上就在"阿夏"屋里过夜，第二天早上回自己的家。如果一方移情别恋，感情破裂，女不开门，男不再来，"走婚"关系解除。因为本来一切归女方，所以不存在孩子抚养问题，也不存在财产分割问题。

"走婚"并不是杂乱无章的，一个女子不能同时结交多个正式"阿柱"，

一个男子也不能同时与多个女子结交正式"阿夏"。据说,这种"走婚"的方式,是远古婚姻制度的延续,目前地球上仅存此一例。因此有人说它是母系社会的"活化石"和人类文明的最后一朵玫瑰。

听说有很多"洋阿柱"常徘徊在泸沽湖畔不忍离去。也许他们是厌倦了利益、门第和虚荣等文明的东西才来到这里;抑或是他们想远离虚伪、算计、背叛等现代的东西才不愿离开这里。不管出于哪种动机,"走婚"的美丽和神秘,是让他们心动的最大原因。不过就是不知道他们能否在这里找到那原始的、单纯的和不带杂质的感情。

注　释

① 走婚:也叫阿柱婚。"阿柱"、"阿夏"都来自摩梭人的语言。

生　词

1. 居住	jūzhù	(动)	live	居住 거주하다
2. 族群	zúqún	(名)	race	民族 민족
3. 家庭	jiātíng	(名)	family	家庭 가족
4. 舅舅	jiùjiu	(名)	uncle	母方のおじ 외삼촌

中国的女人

5. 兄弟	xiōngdì	(名)	brothers	兄弟 형제
6. 婚姻	hūnyīn	(名)	marriage	婚姻 혼인
7. 吸引	xīyǐn	(动)	attract	引き付ける 흡인하다, 끌다
8. 好奇心	hàoqíxīn	(名)	curiosity	好奇心 호기심
9. 单独	dāndú	(副)	alone	単独 단독으로
10. 结交	jiéjiāo	(动)	make friends with	付き合う 맺다, 사귀다
11. 过夜	guò yè		spend the night	一夜を過ごす 하루밤을 묵다
12. 解除	jiěchú	(动)	remove	解除 해제하다
13. 抚养	fǔyǎng	(动)	bring up	扶養 부양하다
14. 分割	fēngē	(动)	cut apart	分割 분할하다
15. 延续	yánxù	(动)	continue	継続 계속하다
16. 地球	dìqiú	(名)	the earth	地球 지구
17. 化石	huàshí	(名)	fossil	化石 화석

18. 玫瑰	méigui	（名）	rose	バラ 장미
19. 徘徊	páihuái	（动）	pace up and down	彷徨う 배회하다, 맴돌다
20. 厌倦	yànjuàn	（动）	be weary of	厭きる、うんざり 싫증나다
21. 利益	lìyì	（名）	interest	利益 이익
22. 门第	méndì	（名）	family status	家柄 문벌
23. 虚荣	xūróng	（形）	vanity	虚栄 허영
24. 虚伪	xūwěi	（形）	hypocritical	偽善 위선
25. 算计	suànji	（动）	calculate	打算 계산
26. 背叛	bèipàn	（动）	betray	裏切る 배반하다
27. 神秘	shénmì	（形）	mysterious	神秘 신비하다
28. 心动	xīndòng	（动）	be attracted by	心が動く 마음이 동하다
29. 单纯	dānchún	（形）	simple	単純 단순하다
30. 杂质	zázhì	（名）	impurity	不純物 잡질

成语·惯用语

1. 移情别恋（yí qíng bié liàn）：夫妻或恋爱中的一方爱上了别人。
2. 感情破裂（gǎnqíng pòliè）：主要指夫妻感情发生矛盾，不能恢复到原来的样子。
3. 杂乱无章（záluàn wú zhāng）：没有秩序和章法，乱七八糟的。
4. 不忍离去（bùrěn líqù）：不愿意离开。

练 习

一、填空

自由恋爱　　移情别恋　　杂乱无章　　不忍离去

1. 他们是经过（　　　　）而结婚的，但感情还是出现了裂痕。
2. 他的资料没有整理，显得（　　　　）。
3. 他与女朋友分手了，原因是女朋友（　　　　），爱上了别人。
4. 花园里的郁金香全部开放了，人们纷纷前来欣赏，（　　　　）。

二、将下列B组中与A组有关联的项填在括号内

A 组	B 组
甲，泸沽湖畔	子，现代文明
乙，摩梭女性	丑，徘徊
丙，活化石	寅，走婚
丁，洋阿柱	卯，主导地位
戊，虚伪	辰，摩梭人

（甲→　）　（乙→　）　（丙→　）　（丁→　）　（戊→　）

三、问答

1. 在摩梭人的家庭里,女性占什么地位?
2. 摩梭人为什么吸引着人们的好奇心?
3. "走婚"是杂乱无章的吗?为什么?
4. 如果一方移情别恋,他们会怎样处理?
5. "洋阿柱"为什么不忍离去?

曾经的时尚

13　旗袍与中国的女性

　　旗袍本来是满族妇女的服装，20世纪20年代被改造成了时装，现在让全世界家喻户晓的"Chinese dress（旗袍）"实际上指的就是这个时期的旗袍。旗袍的出现为东方女性展示自己窈窕的身段和柔美的曲线提供了最相配的条件。穿上旗袍，女性的特点，尤其是腰和臀的相得益彰得到了充分的强调。因此，旗袍，也就很快成了中华女性的"国服"，并一直流行到20世纪60年代初期。

　　2000年，香港著名导演王家卫①拍摄了电影《花样年华》②，张曼玉③在电影里先后变换着穿了几十款美丽绝伦、做工精致的旗袍。这些旗袍配在张曼玉身上，款款都光彩照人，风月无边。旗袍多是用丝绸做成的，可以说丝绸是旗袍最好的面料，而旗袍也是丝绸最好的归宿。无论是大家闺秀还是小家碧玉，只要配上这神奇的丝织品，都会透出典雅的气质，像高贵的景泰蓝④，内敛而不张扬，沉静而不花哨。可以说旗袍就是中国女性形体与精神的完美结合。

今天,巩俐⑤、章子怡、汤唯等现代中国女性的代表们,在国际电影节的颁奖仪式上频频亮相,为中国做着广告,有谁能说她们的魅力不是同时借助了身上的旗袍呢。旗袍之所以能够伴随女主人登上世界社交舞台,其原因就在于它有很多中国特色。

正是因为旗袍是民族的,所以它才是世界的。旗袍是飘移的瓷器和舞动的丝绸,我们看它千遍不厌倦,只因为它风光无限遂人愿。

注　释

① 王家卫:香港著名电影导演。
②《花样年华》:王家卫的电影作品。
③ 张曼玉:香港著名女演员。
④ 景泰蓝:中国特有的工艺品。明朝景泰年间在北京大量制造,又因为其颜色多为蓝色,故称"景泰蓝"。
⑤ 巩俐:中国内地著名女演员。
⑥ 汤唯:因出演电影"色戒"而出名的女演员。

生　词

1. 旗袍	qípáo	(名)	China dress	チャイナドレス 차이나드레스
2. 服装	fúzhuāng	(名)	dress	服装 복장
3. 窈窕	yǎotiǎo	(形)	gentle and graceful	上品で美しい 美しく淑やかだ 아름답고 단정하다

曾经的时尚

4. 身段　shēnduàn　（名）　figure　　　　　スタイル
　　　　　　　　　　　　　　　　　　　　　스타일

5. 曲线　qūxiàn　（名）　curve　　　　　　曲線
　　　　　　　　　　　　　　　　　　　　　곡선

6. 绝伦　juélún　（形）　unsurpassed　　　絶倫
　　　　　　　　　　　　　　　　　　　　　비할 바없다

7. 精致　jīngzhì　（形）　fine　　　　　　精緻である
　　　　　　　　　　　　　　　　　　　　　정밀하다

8. 典雅　diǎnyǎ　（形）　refined　　　　　上品
　　　　　　　　　　　　　　　　　　　　　우아하다, 전아하다

9. 气质　qìzhì　（名）　temperament　　　気質
　　　　　　　　　　　　　　　　　　　　　기질

10. 内敛　nèiliǎn　（形）　introvert　　　控え目
　　　　　　　　　　　　　　　　　　　　　조심스럽다

11. 沉静　chénjìng　（形）　quiet　　　　　静か
　　　　　　　　　　　　　　　　　　　　　조용하다

12. 花哨　huāshao　（形）　garish　　　　　派手
　　　　　　　　　　　　　　　　　　　　　화려하다

13. 频频　pínpín　（副）　frequently　　　頻繁
　　　　　　　　　　　　　　　　　　　　　빈번하다

14. 借助　jièzhù　（动）　draw suport from　借りる
　　　　　　　　　　　　　　　　　　　　　빌리다

15. 飘移　piāoyí　（动）　move　　　　　　漂流
　　　　　　　　　　　　　　　　　　　　　표류하다

16. 舞动　wǔdòng　（动）　dancing　　　　踊る
　　　　　　　　　　　　　　　　　　　　　춤추다

成语·惯用语

1. 相得益彰（xiāng dé yì zhāng）：相互帮助、相互补充更能显示出好处。
2. 光彩照人（guāngcǎi zhào rén）：形容人或事物十分美好或成就辉煌，令人注目，敬仰。
3. 风月无边（fēngyuè wú biān）：景色非常美好。
4. 风光无限（fēngguāng wúxiàn）：景色特别美好。

练 习

一、填空

相得益彰　　光彩照人　　风月无边　　风光无限

1. 东方女人穿上旗袍，腰与臀的（　　　　）得到了充分的体现。
2. 奥斯卡金像奖颁奖仪式上，最佳女主角衣着华丽，（　　　　　）。
3. 泰山景色宜人，（　　　　），吸引了很多游客。
4. 这里（　　　　），像画儿也像诗。

二、将下列B组中与A组有关联的项填在括号内

   A 组　　　　　　　　B 组

  甲，旗袍　　　　　　子，王家卫

  乙，《花样年华》　　　丑，满族妇女的服装

  丙，面料　　　　　　寅，颁奖仪式

  丁，电影节　　　　　卯，世界的

  戊，民族的　　　　　辰，丝绸

（甲→　）　（乙→　）　（丙→　）　（丁→　）　（戊→　）

三、问答

    1. 旗袍为什么能成为中华女性的"国服"？

    2. 旗袍穿在张曼玉身上怎么样？

    3. 旗袍反映了中国女性的什么特点？

    4. 旗袍为什么能登上世界社交舞台？

    5. 旗袍为什么是世界的？

14 中山装的兴衰

莎士比亚说:"衣服常常显示人品。"的确,衣服既反映一个人的喜好,也反映一个人的文化水平和他在社会上的位置。衣服的作用不仅仅是遮羞保暖,它还包含了强烈的文化含意。在中国的近代历史上,衣服与政治的瓜葛,莫过于"中山装"。

但"中山装"却不仅因为孙中山穿它而得名,而且因为它本来就是孙中山先生设计的。1911年,孙中山当了临时大总统后,实行的一个重大政策就是"剪辫"和"易服"①。关于服装,他极力倡导"中山装",并且身体力行带头穿这种服装。

孙中山

后来追随过孙中山的人,无论是蒋介石②还是毛泽东、周恩来、邓小平都一生只穿这种服装。到了20世纪50年代以后,这种服装更是流行到了极端,成了中国人唯一的服装款式。日本人把"中山装"称作"人民服",也许不无道理。

一个民族接受一种服装,就意味着接受一种文化、一种理念和感情。日本人全面接受西装意味着他们全面接受了西方的文化;而阿拉伯人拒绝穿西装则意味着他们拒绝西方的文化。

纵观"中山装"将近一百年的历史,可以知道中国人在时代转变期的一种独自的文化探索。"中山装"是反对封建统治的象征,也是中国人对西方文化半推半就的接受。中国人现在不穿它了,说明中国人终于没能抵挡得住西装的"进攻"。放弃"中山装",也许意味着中国人又可以再多一点地接受

西洋的文化了。但是"洋装穿在身,心依然是中国心"的炎黄子孙,到底能在多大程度上接受洋装背后的东西,还不得而知。

注　释

①剪辫易服:辛亥革命后实行的社会政策,男子要剪掉发辫,改穿新式服装。

②蒋介石:原中国国民党总裁,"中华民国"总统。

生　词

1. 人品	rénpǐn	(名)	moral character	人柄 인품
2. 喜好	xǐhào	(动)	like	好む 좋아하다
3. 遮羞	zhē xiū		hush up scandal	恥を隠す 수치를 감추다
4. 保暖	bǎonuǎn	(动)	keep warm	暖める,保温 보온하다
5. 瓜葛	guāgé	(名)	connection	掛かりあい 관계,관련
6. 设计	shèjì	(动)	design	デザイン 디자인
7. 临时	línshí	(副、形)	provisional	臨時 임시로

8. 总统 zǒngtǒng （名） president 大統領
대통령

9. 追随 zhuīsuí （动） follow 追随
따르다

10. 抵挡 dǐdǎng （动） keep out 抵抗
저항하다

11. 极端 jíduān （副） extreme 極端
극단으로

12. 款式 kuǎnshì （名） pattern 樣式
양식

13. 阿拉伯 Ālābó （专名） Arab アラビア
아라비아

成语·惯用语

1. 半推半就 （bàn tuī bàn jiù）：表面上拒绝实际上想接受。
2. 炎黄子孙 （Yán Huáng zǐsūn）：中国人自认为是黄帝和炎帝的后代。
3. 不得而知 （bùdé érzhī）：不知道。

练 习

一、填空

| 半推半就 炎黄子孙 不得而知 文化水平 |

1. 中国人都认为自己是（　　　）。
2. 他认为自己的妻子（　　　）太低，他们之间没有共同语言。

3. 大家都知道他出国了，至于出国干什么却（　　　）。
4. 老板要送她礼物，她开始（　　　），但最后还是收下了。

二、将下列B组中与A组有关联的项填在括号内

   A 组   B 组

  甲，衣服   子，临时大总统

  乙，孙中山   丑，遮羞保暖

  丙，中山装   寅，人民服

  丁，阿拉伯人   卯，炎黄子孙

  戊，中国人   辰，拒绝西装

（甲→　　）（乙→　　）（丙→　　）（丁→　　）（戊→　　）

三、问答

 1. 衣服反应一个人的什么？

 2. 孙中山当上临时大总统后实行了什么政策？

 3. 中山装在20世纪50年代以后流行到什么程度？

 4. 对于西装，日本人跟阿拉伯人有什么不同？

 5. 中国人抵挡住西装的"进攻"了吗？

15　残酷的时尚——缠足

一百年以前，中国有三大丑事，吸食鸦片、男人留辫子和女人裹小脚。裹小脚又称缠足，就是女子用布条把脚紧紧地裹起来，长年累月导致筋骨畸形，使脚变得又小又尖。

据历史记载，裹脚起源于建都在今南京的南唐①。当时有宫女用丝绸把自己的脚裹起来，在金制的莲花上起舞。舞动的小脚像现代的芭蕾，深得后主李煜②的喜欢。于是，小脚作为一种时尚逐渐流行起来，并且一发不可收拾。男人为之痴狂，女人为之陶醉。《西厢记》里说，"休说那模样儿，则那一对小脚儿，价值百镒之金。"

文人们形容小脚是"三寸金莲"，在他们眼里，小脚女人走起路来，"行一步可人怜，解腰肢娇又软"。在那时的中国男人看来，小脚的性感度远远胜过容貌、身材、细腰和隆胸。正所谓，男人审美，女人遭罪，脚大的女人嫁不出去了。

这种畸形的风尚，在一代又一代女性的痛苦挣扎中，竟然流行了一千多年。直到1911年，辛亥革命③后，才被宣布"劝禁"，而它被彻底禁止，则是1949年新中国成立以后的事。

爱美是不分古今中外的，法国女人曾经流行束腰，现代女人流行瘦身、减肥甚至整形、换脸。美就是残酷的、愚蠢的和无奈的事，缠足是其中最残酷、最愚昧和最无奈的。

曾经的时尚

1989年7月27日，在南京，一个叫韩崇氏的小脚老人无疾而终，享年108岁。她也许是中国最后一位小脚女人。小脚起于南京也终于南京，这也算是一个美的历程的完结吧。

注　释

① 南唐：隋唐以后，五代十国时期的一个王朝。
② 后主李煜：南唐最后一个皇帝，著名的词人。
③ 辛亥革命：1911年发生的推翻清政府的革命。

生　词

1. 吸食	xīshí	（动）	inhale	吸い込む、すする
				빨다, 피우다
2. 鸦片	yāpiàn	（名）	opium	アヘン
				아편
3. 辫子	biànzi	（名）	plait	お下げ
				머리태
4. 建都	jiàn dū		buid capital	都をつくる
				서울로 만들다
5 南京	Nánjīng	（专名）	Nanjing	南京
				남경
6. 宫女	gōngnǚ	（名）	court lady	宫女
				궁녀

73

7. 莲花	liánhuā	（名）	lotus	蓮の花
				연꽃
8. 芭蕾	bālěi	（名）	ballet	バレイ
				바레
9. 时尚	shíshàng	（名）	fashion	ファッション
				패션
10. 痴狂	chīkuáng	（形）	crazy	夢中
				열광적이다
11. 细腰	xìyāo	（名）	slender waist	くびれ
				가는 허리
12. 隆胸	lóng xiōng		make chest big	胸を大きくする
				가슴을 풍만하게 하다
13. 遭罪	zāo zuì		endure hardships	苦労をする
				고생하다
14. 畸形	jīxíng	（名）	deformity	畸形
				기형
15. 挣扎	zhēngzhá	（动）	struggle	必死になる
				발악하다
16. 束腰	shù yāo		bind waist	腰を縛る
				허리를 묶다
17. 瘦身	shòu shēn		make body thin	体重を減量する
				살을 빼다
18. 减肥	jiǎn féi		diet	ダイエット
				다이어트
19. 整形	zhěng xíng		plastic	整形
				성형

20. 换脸	huàn liǎn		change face	变面 변모하다
21. 残酷	cánkù	（形）	cruel	残酷 잔혹하다
22. 愚蠢	yúchǔn	（形）	stupid	おろか 미련하다, 어리석다
23. 享年	xiǎngnián	（名）	the age at which one dies	享年 연세
24. 历程	lìchéng	（名）	course	プロセス, 暦程 역정, 역사
25. 完结	wánjié	（动）	end	完結

成语·惯用语

1. 长年累月（cháng nián lěi yuè）：形容经历很多年月，很长时期。

2. 一发不可收拾（yì fā bùkě shōushi）：开始以后，不能控制，结束不了。

3. 百镒之金（bǎi yì zhī jīn）：很多钱。镒：古代重量单位。

4. 古今中外（gǔ jīn zhōng wài）：古代、现代、中国、外国。

5. 无疾而终（wú jí ér zhōng）：没有病，正常地死去。

练　习

一、填空

长年累月　一发不可收拾　三寸金莲　古今中外

1. 他阅读了很多（　　　　）的名著。

2. 旧社会中国妇女都缠足，她们的小脚被称为"（　　　　）"。

3. 渔民们（　　　）生活在海上，皮肤晒得黝黑。

4. 他本来不会打麻将，当他学会了以后就（　　　　），迷上了麻将。

二、将下列B组中与A组有关联的项填在括号内

A 组　　　　　　　　B 组

甲，小脚　　　　　　子，南唐后主

乙，李煜　　　　　　丑，缠足

丙，辛亥革命　　　　寅，1911年

丁，束腰　　　　　　卯，小脚的起源地

戊，南京　　　　　　辰，法国女人

（甲→　　）　（乙→　　）　（丙→　　）　（丁→　　）　（戊→　　）

三、问答

1. 一百年以前，中国有哪三大丑事？

2. 缠足是怎么流行起来的？

3. 古代的中国男人为什么喜欢小脚女人？

4. 缠足是什么时候被彻底禁止的？

5. 现代女性流行什么？

16　嬉皮士·雅皮士·俏皮士

"hippies"，汉语把它译成"嬉皮士"，指的是20世纪60年代一些西方国家出现的穿奇装、留长发甚至吸毒的颓废派青年。1971年4月，美国乒乓球队访问北京，其中有位队员就是"嬉皮士"，周恩来当时还对他谈了自己对"嬉皮士"的看法。

到了20世纪80年代，在西方国家，又出现了"yuppies"一词，汉语译成"雅皮士"。"雅皮士"都受过良好的高等教育，有丰厚的薪水和高雅的兴趣。他们虽然服装考究，修饰入时，但是低调不张扬。仔细观察，原来他们开法拉力跑车，戴劳力士手表，用法国香水。

20世纪90年代，中国内地也出现了"雅皮士"。他们当然也是学历高，收入高，素质高的一族；他们也当然是开宝马，提笔记本电脑，讲国际普通话（英语）的一群。听说"雅皮士"常穿三个纽扣的灰色西装，于是，国内有人把他们称作"高级灰"。不过，"高级灰"这个叫法既没有"高级"感，也没有"清洁"感。

其实，国外媒体早就给他们起了名字，叫"chuppies"，即"Chinese yuppies（中国的雅皮士）"的意思。我们不妨把它译成"俏皮士"①。"俏皮"是"容貌和服装好看"及"活泼风趣"的意思。在一般中国人眼里，"俏皮士"似乎还有点儿"小资"②情调。但仔细一想，这种情形，至少总比随地吐痰，大声喧哗，当众剔牙者要好得多。"俏皮士"也许代表着"文明"中国人的形象，也许他们应该是越来越多一点儿，而不是越来越少一点儿的群体。

注 释

①俏皮士：对于 chuppies 这个词，目前还没有固定的翻译，本书暂且把它翻译成"俏皮士"，或许还能找到更贴切的译法。

②小资：即小资产阶级。最近指城市中学历和收入较高，讲究生活的品位，趣味高雅的人。

生 词

1. 奇装 qízhuāng	（名）	bizarre dress	怪しい服装 기괴한 복장
2. 吸毒 xī dú		take drugs	麻薬を使う 마약을 피우다
3. 颓废 tuífèi	（形）	dejucted	頽廃 퇴폐하다
4. 丰厚 fēnghòu	（形）	rich and generous	手あつい 푸짐하다, 두툼하다
5. 薪水 xīnshui	（名）	salary	給料 급료, 봉급
6. 高雅 gāoyǎ	（形）	elegant	上品 우아하다, 고상하다
7. 趣味 qùwèi	（名）	interest	興味 흥미

曾经的时尚

8. 修饰 xiūshì (动) adorn 飾る
   장식하다, 분장하다

9. 低调 dīdiào (形) low-one 控えめ
   소극적이다, 조심하다

10. 张扬 zhāngyáng (形) make public 触れ回る
    소문내다, 퍼뜨리다

11. 法拉力 Fǎlālì (专名) Ferrari フェラリー
    페라리

12. 跑车 pǎochē (名) car レースカー
    레스카

13. 劳力士 Láolìshì (专名) Rolex ロレックス
    로렉스

14. 香水 xiāngshuǐ (名) perfume 香水
    향수

15. 素质 sùzhì (名) quality 素質
    소질

16. 笔记本电脑 bǐjìběn diànnǎo portable PC ノートパソコン
    노트북

17. 钮扣 niǔkòu (名) button ボタン
    단추

18. 小资 xiǎozī (名) petit bourgeois ブルジョア志向な人
    멋, 멋장이

19. 剔牙 tī yá pick one's teeth 歯をほじる
    이를 쑤시다

20. 群体 qúntǐ (名) group 集まり
    군체

成语·惯用语

1. 活泼风趣（huópo fēngqù）：生动自然、不呆板并且有幽默感。
2. 大声喧哗（dàshēng xuānhuá）：大声吵闹。
3. 修饰入时（xiūshì rùshí）：打扮得时髦、新潮。
4. 高等教育（gāoděng jiàoyù）：指大学以上的教育。

练 习

一、填空

| 活泼风趣 | 大声喧哗 | 修饰入时 | 高等教育 |

1. 在公共场所不要（　　　　）。
2. 李主任爱干净，也很爱打扮，平时总是那么（　　　　）的。
3. 现在，中国越来越多的人有机会接受（　　　　）。
4. 新来的老师是个性格开朗，（　　　　）的人。

二、将下列B组中与A组有关联的项填在括号内

A 组　　　　　　　　B 组

甲，嬉皮士　　　　　子，访问北京

乙，雅皮士　　　　　丑，留长发

丙，高级灰　　　　　寅，中国的雅皮士

丁，俏皮士　　　　　卯，开宝马

戊，美国乒乓球队　　辰，灰色西装

（甲→　）（乙→　）（丙→　）（丁→　）（戊→　）

三、问答

    1. 嬉皮士是一些什么样的人？

    2. 雅皮士是一些什么样的人？

    3. 中国的雅皮士是一些什么样的人？

    4. "俏皮"一词是什么意思？

    5. 你觉得"俏皮士"怎么样？

中国传奇故事

17 中国的情人节

"七夕节"是中国传统节日中最具浪漫色彩的一个。传说，牛郎父母早逝，只有一头老牛和他相伴。有一天，老牛让他去河边把前来洗澡的织女（即"七仙女"①）的衣服藏起来，他照着做了。当织女找不到自己的衣服时，牛郎出现了。织女见了牛郎，便决定留在人间，并做了牛郎的妻子。

婚后，牛郎和织女生活得很幸福，还生了一儿一女。后来，老牛要死的

时候，叮嘱牛郎等它死后，把它的皮留下来，危难的时候好派用场。果然，老牛死后，玉皇大帝②知道了织女嫁给了人间的牛郎，勃然大怒，命令天神抓了织女，向天上飞去。

牛郎慌忙披上牛皮，担了两个孩子从后面追赶。眼看就要追上时，西王母③用头上的

金簪（zān）向银河划了一下，河水顿时变得巨浪滔天，牛郎过不去了。从此，牛郎和织女天各一方，不能相见。玉皇大帝只准许他们每年农历七月初七见一次面，七月初七就成了"七夕节"。

由于"七夕节"的来历极具浪漫色彩，所以，自古以来被认为是中国的"情人节"。据说，织女心灵手巧，姑娘们每逢这个节日，都要祭拜她，以祈求幸福。相传，每年的农历七月初七，牛郎和织女相会的日子，人间的喜鹊都要飞到银河边，为他们搭起鹊桥。

宋朝的诗人秦观有一首《鹊桥仙》，描写了这段美丽动人的爱情故事："纤云弄巧，飞星传恨，银汉迢迢暗渡。金风玉露一相逢，便胜却人间无数。柔情似水，佳期如梦，忍顾鹊桥归路。两情若是久长时，又岂在朝朝暮暮。"

注　释

① 七仙女：传说中天上的女神，玉皇大帝最小的女儿。
② 玉皇大帝：道教中的一个神，在老百姓中地位很高。
③ 西王母：玉皇大帝的妻子。

生　词

1. 浪漫 làngmàn	（形）	romantic	ロマンチック
			로맨틱하다
2. 色彩 sècǎi	（名）	colour	色彩
			색채

3. 牛郎 Niúláng （专名）Altair 牽牛
　　　　　　　　　　　　　　　　견우

4. 织女 Zhīnǚ （专名）Vega 織姫
　　　　　　　　　　　　　　　직녀

5. 洗澡 xǐ zǎo 　　　shower 体を洗う
　　　　　　　　　　　　　　　목욕하다

6. 老牛 lǎoniú （名）old cattle 牛
　　　　　　　　　　　　　　　황소

7. 叮嘱 dīngzhǔ （动）exhort 再三言い含める
　　　　　　　　　　　　　　　신신당부하다

8. 危难 wēinàn （形）danger 危険と災い
　　　　　　　　　　　　　　　위난

9. 派用场 pài yòngchǎng help 使える
　　　　　　　　　　　　　　　쓸모 있다, 쓸 수 있다

10. 果然 guǒrán （副）really 案の定
　　　　　　　　　　　　　　　과연

11. 慌忙 huāngmáng （副）in a great rush 慌てて
　　　　　　　　　　　　　　　급급히

12. 金簪 jīnzān （名）gold hairpin かんざし
　　　　　　　　　　　　　　　금비녀

13. 银河 yínhé （名）the Milky Way 銀河
　　　　　　　　　　　　　　　은하

14. 喜鹊 xǐquè （名）magpie カササギ
　　　　　　　　　　　　　　　까치

成语·惯用语

1. 勃然大怒（bórán dà nù）：形容非常生气的样子。
2. 巨浪滔天（jù làng tāo tiān）：非常大的浪涛。
3. 天各一方（tiān gè yì fāng）：彼此相隔遥远，难以相见。
4. 心灵手巧（xīn líng shǒu qiǎo）：心思灵敏、聪明而且会做手工。

练　习

一、填空

　　勃然大怒　　巨浪滔天　　天各一方　　心灵手巧

1. 牛郎与织女被银河隔开，从此他们（　　　　），每年只能见一次面。
2. 爸爸得知女儿过早谈恋爱，（　　　　），要求女儿跟对方一刀两断。
3. 海上狂风大作，（　　　　），船摇得厉害，乘客中许多人都吐了。
4. 织女既善良温柔，又（　　　　），是女孩儿们心目中的偶像。

二、将下列B组中与A组有关联的项填在括号内

　　A 组　　　　　B 组

　　甲，河边　　　子，披上牛皮

　　乙，牛郎　　　丑，洗澡

　　丙，玉皇大帝　　寅，鹊桥

　　丁，七月初七　　卯，七夕节

　　戊，喜鹊　　　辰，勃然大怒

（甲→　）　（乙→　）　（丙→　）　（丁→　）　（戊→　）

三、问答

1. 老牛让牛郎去河边干什么？
2. 织女见了牛郎怎么了？
3. 老牛临终时叮嘱牛郎什么？
4. 姑娘们为什么祭拜织女？
5. 喜鹊为牛郎织女干什么？

18　孟姜女哭倒长城

在山海关①城东约6公里的凤凰山上，有一座庙叫"孟姜女庙"，又叫"贞女祠"。这座庙与孟姜女万里寻夫送寒衣，哭倒长城八百里的传说有关。

传说，孟老汉和姜老汉是邻居，他们共同栽培的葫芦秧结了一个大葫芦，用刀切开后，里边却躺着一个又白又胖的女娃娃。女娃娃成了两位老人的共同女儿，并取了个名字叫"孟姜女"。孟姜女长大以后，两位老人为她选择了女婿准备成婚。谁知天有不测风云，成亲之日，女婿却被秦始皇派来的人抓去修长城了。转眼一年过去了，丈夫杳无音信。

孟姜女

孟姜女茶不思，饭不想，决定去找丈夫。她带上吃的和给丈夫御寒的衣服上了路。经过千难万险，她来到长城脚下。一打听才知道，丈夫早就累死了。孟姜女悲痛欲绝，泪如泉涌，哭得惊天动地。她哭到哪里，哪里的长城就倒了，足有八百里长。

秦始皇听说后，就召见了她。他见孟姜女很漂亮，就决定封她为皇后。孟姜女将计就计，答应了。但她提出三个条件：一要找到丈夫的尸体；二要为丈夫举行国葬；三要秦始皇为丈夫披麻戴孝。秦始皇勉强应允了，但是当孟姜女如愿以偿以后，便纵身跳入渤海自尽了。

这个传说在反映秦始皇残暴的同时，也反映了中国妇女的贞节观。孟姜女庙前挂有"贞女祠"的匾额；在庙的前殿，有闻名全国的奇特楹联，上联是"海水朝朝朝朝朝朝朝落"，下联"浮云长长长长长长长消"②。这个楹联的读法和断句有多种，细细地品味，可以从中感受到孟姜女当年千里寻夫的凄凉心境。

注　释

① 山海关：位于秦皇岛，是万里长城的第一关口，因此被称为"天下第一关"。

② "海水朝朝朝朝朝朝朝落，浮云长长长长长长长消"：这副对联的读法有几种，其中一种这样读：

海水朝 朝朝朝 朝朝朝落（hǎishuǐ cháo zhāo zhāo cháo zhāo cháo zhāo luò）

浮云长 长长长 长长长消（fúyún zhǎng cháng cháng zhǎng cháng zhǎng cháng xiāo）

生　词

1. 老汉	lǎohàn	（名）	old man	老人
				노인
2. 栽培	zāipéi	（动）	grow	栽培
				재배하다
3. 葫芦	húlu	（名）	gourd	瓢箪
				조롱박

4. 娃娃 wáwa	（名）	baby	赤ちゃん	
			갓난 애기	
5. 成婚 chéng hūn		marry	結婚	
			결혼하다	
6. 成亲 chéng qīn		marry	結婚	
			결혼하다	
7. 转眼 zhuǎnyǎn	（副）	soon	あっという間	
			눈깜짝할 사이	
8. 御寒 yù hán		warm	防寒	
			방한하다	
9. 上路 shàng lù		set out	旅に出る	
			길을 나서다, 떠나다	
10. 打听 dǎting	（动）	ask about	問いあわせる	
			문의하다, 묻다	
11. 召见 zhàojiàn	（动）	call in	召見する、呼び寄せる	
			소견하다, 불러들이다	
12. 答应 dāying	（动）	corpse	応答	
			대답하다	
13. 尸体 shītǐ	（名）	corpse	死体	
			시체	
14. 国葬 guózàng	（名）	state funeral	国葬	
			국장(나라에서 지내는 장례)	
15. 勉强 miǎnqiǎng	（副）	reluctantly	しぶしぶ	
			억지로	
16. 应允 yīngyǔn	（动）	assent	うなずく	
			대답하다	

17. 渤海	Bó Hǎi	(专名)	The sea of Bohai	渤海 발해
18. 自尽	zìjìn	(动)	commit suicide	自殺 자살하다
19. 残暴	cánbào	(形)	brutal	残虐 잔폭하다
20. 贞节	zhēnjié	(名)	chastity	貞操 정조
21. 匾额	biǎn'é	(名)	a horizontal inscribed board	扁額 편액, 가로 액자
22. 奇特	qítè	(形)	peculiar	珍しい、奇異 기이하다
23. 楹联	yínglián	(名)	antithetical	対聯 기둥 위의 대련
24. 品味	pǐnwèi	(名)	taste	センス 센스
25. 凄凉	qīliáng	(形)	dreary	物寂しい 처량하다
26. 心境	xīnjìng	(名)	mood	心境 심경

 成语·惯用语

1. 天有不测风云（tiān yǒu bú cè fēng yún）：天气有不可预测的变化，比喻人生变幻莫测。
2. 千难万险（qiān nán wàn xiǎn）：很多困难和障碍。

3. 悲痛欲绝 (bēi tòng yù jué)：非常悲痛和伤心。

4. 泪如泉涌 (lèi rú quán yǒng)：眼泪不断地往下流。

5. 惊天动地 (jīng tiān dòng dì)：形容声势浩大或事业伟大。

6. 将计就计 (jiāng jì jiù jì)：利用对方的计策向对方实施谋略。

7. 披麻戴孝 (pī má dài xiào)：按照旧习俗，子女为父母居丧，要服重孝，如身穿粗麻布孝服，要系麻绳等。

8. 如愿以偿 (rú yuàn yǐ cháng)：终于实现了自己的愿望。

练 习

一、填空

千难万险　　悲痛欲绝　　泪如泉涌　　如愿以偿

1. 红军长征排除了（　　　　），终于到达了陕北。

2. 他终于（　　　　），考上了大学。

3. 学生出去旅游，结果出了车祸，家长们（　　　　），不敢相信这是真的。

4. 见到了失散多年的姐姐，他禁不住（　　　　），不知说什么好。

二、将下列B组中与A组有关联的项填在括号内

　　A 组　　　　　　B 组

甲，孟老汉　　　　子，胖娃娃

乙，葫芦　　　　　丑，孟姜女庙

丙，凤凰山　　　　寅，姜老汉

丁，国葬　　　　　卯，楹联

戊，匾额　　　　　辰，披麻戴孝

（甲→　）（乙→　）（丙→　）（丁→　）（戊→　）

三、问答

1. 孟老汉和姜老汉栽培的葫芦怎么了？
2. 成亲之日，发生了什么事？
3. 孟姜女得知丈夫累死以后怎么了？
4. 秦始皇答应孟姜女什么条件？
5. 这个传说反映了什么？

19 中国的罗密欧与朱丽叶

"梁祝"的故事在江苏宜兴流传了1600余年,这是一段美丽动人的生死恋。

出身富裕的祝英台女扮男装和男孩子一样去读书受教育。继而她又挑战传统的"门当户对"观念,与同窗三年的平民子弟梁山伯相恋。然而,保守的家庭却不能容忍她的行为,父母棒打鸳鸯,使她和她的梁兄两相分离。最后梁兄为爱而死,英台因情投坟。他们的爱情感动了天地,二人化成蝴蝶飞向了自由的天空,在仙境实现了长相厮守。

1954年,周恩来参加日内瓦会议①,初登国际外交舞台,曾为各国记者举行过一次电影招待会,放映的电影中有《梁山伯与祝英台》。当时,有人担心欧洲人不能理解中国的文化,周恩来指示说:"那就在请柬上介绍,是中国的《罗密欧与朱丽叶》。"果然,这样的说明吊起了老外的胃口,再加上开演前进行了3分钟的剧情说明,外国记者们都被深深地感动了,"楼台会"、"十八相送"、"抗婚"、"哭坟"和"化蝶",都在他们心中留下了深刻的印象。

小提琴协奏曲《梁祝》②是中国著名音乐家何占豪、陈钢先生在1959年创作完成的。乐曲以婉转细腻的手法,表现了这对恋人惊天地、泣鬼神③的爱情故事。小提琴演奏家俞丽拿女士,从18岁学生时代首演《梁祝》以后,一生与《梁祝》结下了不解之缘。

《梁祝》也是中国花样滑冰队的保留曲目,每当这美妙的旋律响彻世界花样滑冰比赛大厅的时候,这曲悠久的爱情恋歌也就传遍了世界,感动了不同文化的相同的心。

注　释

① 日内瓦会议:这里指1954年周恩来出席的解决越南问题和朝鲜问题的国际会议。

②《梁祝》:在各种文艺形式中,《梁山伯与祝英台》经常被简化成《梁祝》。

③ 惊天地,泣鬼神:意思是特别让人感动的人或事,能让天地震惊,让鬼神哭泣。

生　词

1. 富裕 fùyù	(形)	well-to-do	豊か	
			부유하다	
2. 祝英台 Zhù Yīngtái	(专名)	a person's name	祝英台	
			축영태	
3. 梁山伯 Liáng Shānbó	(专名)	a person's name	梁山伯	
			양산백	
4. 容忍 róngrěn	(动)	tolerat	容認する	
			용인하다	

5. 蝴蝶 húdié	（名）	butterfly	喋喋 나비
6. 仙境 xiānjìng	（名）	fairyland	仙境、別天地 선경, 별천지
7. 日内瓦 Rìnèiwǎ	（专名）	Geneva	ジュネーブ 제네바
8. 请柬 qǐngjiǎn	（名）	invitation card	招待状 초대장
9. 楼台会 lóutáihuì		meet at pavilion	高楼でのデート 고루에서 만남
10. 十八相送 shí bā xiāng sòng		sent eachother 18 times	繰り返し送りあう 서로 배웅하다
11. 抗婚 kàng hūn		refuse arranged marriage	政略結婚に抵抗する 정략결혼에 항거하다
12. 哭坟 kū fén		cry at grave	墓で泣く 묘지에서 울다
13. 化蝶 huà dié		became butterfly	蝶に化ける 나비로 변하다
14. 小提琴 xiǎotíqín	（名）	violin	バイオリン 바이올린
15. 协奏曲 xiézòuqǔ	（名）	concerto	協奏曲 협진곡
16. 婉转 wǎnzhuǎn	（形）	sweet melody	婉曲 완곡하다
17. 细腻 xìnì	（形）	fin and smooth	細かい 섬세하다

18. 首演 shǒuyǎn		（动）	premiere	初出演 첫 출연
19. 花样滑冰 huāyàng huábīng			figure skating	フィギュアスケート 피겨스케이팅
20. 曲目 qǔmù		（名）	music name	曲名 곡명
21. 美妙 měimiào		（形）	splendid	美しい 아름답다
22. 旋律 xuánlǜ		（名）	melody	旋律 선율
23. 悠久 yōujiǔ		（形）	long history	悠久 유구하다

 成语·惯用语

1. 女扮男装（nǚ bàn nán zhuāng）：女的穿上男人的衣服扮成男的。

2. 门当户对（mén dāng hù duì）：指结婚的男女双方家庭的社会地位和经济状况相当，结亲很合适。

3. 棒打鸳鸯（bàng dǎ yuānyang）：拆散别人的恋爱或婚姻关系。

4. 两相分离（liǎngxiāng fēnlí）：两个人分开不能相见。

5. 长相厮守（chángxiāng sīshǒu）：恋人永远在一起不分离。

6. 吊胃口（diào wèikǒu）：用好吃的东西引起人的食欲，比喻让人产生欲望和兴趣。

7. 不解之缘（bù jiě zhī yuán）：不能分开的缘分，指亲密的关系或深厚的感情。

练　习

一、填空

　　女扮男装　　门当户对　　两相分离　　不解之缘

1. 他从小就与钢琴结下了（　　　　）。
2. 旧社会结婚讲究（　　　　），现在很少有人这样想了。
3. 由于父母禁止他们来往，所以他们暂时（　　　　），无法见面。
4. 祝英台（　　　　），很多人都认为她是个男孩子。

二、将下列B组中与A组有关联的项填在括号内

　　A 组　　　　　　　B 组

　　甲，祝英台　　　　子，小提琴演奏家

　　乙，日内瓦　　　　丑，《梁祝》

　　丙，蝴蝶　　　　　寅，仙境

　　丁，何占豪　　　　卯，电影招待会

　　戊，余丽拿　　　　辰，投坟

（甲→　）　（乙→　）　（丙→　）　（丁→　）　（戊→　）

三、问答

1. 祝英台为什么要女扮男装？
2. 他们化成蝴蝶后去了哪儿？
3. 《梁山伯与祝英台》为什么被认为是中国的《罗密欧与朱丽叶》？
4. 小提琴协奏曲《梁祝》的作者是谁？
5. 第一位演奏《梁祝》的人是谁？

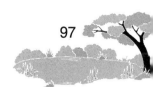

20 成人之美的红娘

　　《西厢记》①是元杂剧②中的经典之作，它与《红楼梦》③一起被称为中国古代文学的"双璧"。

　　故事发生在唐朝，崔相国死后，他的女儿崔莺莺随母亲扶柩回老家途经普救寺，当莺莺带着侍女红娘进入寺里的大雄宝殿时，遇见一位翩翩书生，便不由自主地扭过头来，看了他一眼。这一眼，看得那位书生张珙神魂颠倒，心痒难挠，当即决定留在寺里，不去赶考了。一天，张珙隔墙咏诗："月色溶溶夜，花阴寂寂春"④，莺莺听了立刻心领神会。

　　正当二位靓女俊男，花好月圆之时，盗匪围住了寺院，要掠走莺莺去做压寨夫人。母亲无奈之下，许诺如有人能解围，愿将莺莺许配给他。于是，张珙给儿时的朋友白马将军写了一封信，很快解了围。谁知，当张生满面春风来见崔母时，崔母却让莺莺向他行兄妹之礼。

红娘见张珙一片诚心，便决定成全这对有情人。男女间事，合法不能解决，那就非法解决。红娘带给张珙一封莺莺的信，上写着"拂墙花影动，疑是玉人来"⑤，张珙明白这是让他在月下翻墙来见面。崔母发现了他们的幽会后，要逐出张珙。后经红娘死命斡旋，崔母终于妥协，但提出条件，让张珙快去赶考，"得了官，来见我，不得官，休来见我"。莺莺却悄悄地对张珙说："得官不得官，疾便回来。"

故事的结局，虽几经波折，但张生不负佳人期待，考中状元，又在红娘的鼎力相助之下，这对有情人终于如愿以偿。后来，"红娘"便成了一个固定的词语，意思是媒人。《西厢记》里有句名言："愿普天下有情人都成眷属"，《西厢记》本身就是描写这个主题的成功之作。

注 释

① 《西厢记》：元杂剧的代表作之一，作者王实甫。
② 元杂剧：元朝流行的一种戏剧形式。
③ 《红楼梦》：中国古典小说的代表作之一，作者是清朝的曹雪芹。
④ "月色溶溶夜，花阴寂寂春"：《西厢记》里的诗，意思是，在美好的月色里，美丽的花朵却显得有点寂寞。
⑤ "拂墙花弄影，疑是玉人来"：《西厢记》里的诗，意思是，墙上有花的影子在晃动，怀疑是心上人来了。

生 词

1. 经典 jīngdiǎn　　（名）　　classics　　　　　　　名作

명작, 경전

2. 双璧 shuāngbì	（名）	two round	二つの璧	두 팔
3. 扶柩 fújiù	（动）	stroke coffin	棺を持つ	관을 들다
4. 侍女 shìnǚ	（名）	maid	メード	하녀
5. 翩翩 piānpiān	（形）	elegant	洒脱である	훨훨(경쾌한 모양)
6. 盗匪 dàoféi	（名）	bandits	強盗	강도
7. 无奈 wúnài	（形）	cannot help but	仕方ない	어쩔 수 없다
8. 解围 jiě wéi		force the enemy to raise a siege	包囲を取り除く	포위를 해제하다
9. 将军 jiāngjūn	（名）	general	将軍	장군
10. 成全 chéngquán	（动）	help sb.	手助けて達成させる	성취시키다, 이루어지게 하다
11. 合法 héfǎ	（形）	legal	合法	합법적이다
12. 非法 fēifǎ	（形）	illegal	違法	비법적이다
13. 幽会 yōuhuì	（动）	a lovers's rendezvous	密会/デートする	밀회하다
14. 斡旋 wòxuán	（动）	mediat	斡旋	알선하다

15. 状元	zhuàngyuán	（名）	the scholar who headed the successful candidates at the imperial examination	状元	장원
16. 红娘	Hóngniáng	（专名）	a person's name	红娘,仲人	인연을 무어주는 사람
17. 媒人	méiren	（名）	matchmaker	仲人	중매인

成语·惯用语

1. 不由自主 (bùyóu zìzhǔ)：自己不能控制自己的行动。
2. 心痒难挠 (xīn yǎng nán náo)：不能抑制心里的躁动。
3. 心领神会 (xīn lǐng shén huì)：不用对方说明，心里领悟其中的意思。
4. 靓男俊女 (liàng nán jùn nǚ)：好看的男人和女人。
5. 花好月圆 (huā hǎo yuè yuán)：比喻美好团聚，多用于新婚的颂辞。
6. 压寨夫人 (yā zhài fūrén)：土匪首领的女人。
7. 满面春风 (mǎn miàn chūnfēng)：形容愉快和蔼的表情。也作"春风满面"
8. 几经波折 (jǐ jīng bōzhé)：经过几次波动和挫折。
9. 鼎力相助 (dǐnglì xiāng zhù)：全力帮助。

练 习

一, 填空

不由自主　神魂颠倒　心领神会　满面春风

1. 他被爱情折磨得（　　　　）。
2. 员工们一看老板（　　　　）的样子，就知道公司又赚钱了。
3. 看着学生们跳舞的开心样子，老师也（　　　　）地跟着跳了起来。
4. 妻子向他使了个眼色，他马上（　　　　），拿起酒杯给局长敬酒。

二、将下列B组中与A组有关联的项填在括号内

　　A 组　　　　　　　B 组

　甲，张珙　　　　　　子，媒人

　乙，红娘　　　　　　丑，翩翩书生

　丙，盗匪　　　　　　寅，终成眷属

　丁，幽会　　　　　　卯，压寨夫人

　戊，有情人　　　　　辰，月下翻墙

（甲→　）　（乙→　）　（丙→　）　（丁→　）　（戊→　）

三、问答

1. 张珙被崔莺莺看了一眼后怎么样了？
2. 盗匪要干什么？
3. 母亲许下了什么诺言？
4. 张珙是怎样解围的？
5. 母亲提出了什么条件？

中国传奇故事

21　有情有义的白蛇

照《圣经》的说法，亚当和夏娃是上了蛇的当，才偷吃了禁果，有了性的意识，从而繁衍了人类，所以人类是罪恶的结果，蛇是罪恶的根源。但中国人则不认为蛇有什么不好，中国人的祖先伏羲①就是人面蛇身，抟土造人的女娲②也是人面蛇身，中国的象征"龙"也是蛇身。

古代传奇《白蛇传》③讲的是一条美女蛇与人的爱情故事。传说，从举世闻名的人间天堂杭州的西湖里，曾经出来过两条蛇，一条白的，一条青的。他们化作两个美女，白蛇叫白素贞，青蛇叫小青。一天下大雨，她俩被淋得无处藏身。这时，一把伞，出现在他们的头上，转身一看，面前是一位温文尔雅的年轻书生。当白素贞与书生四目相对时，他们的眼光对出了火花。

书生叫许仙，不久，他与白素贞结为夫妻，二人开了一间"保和堂"药店。因为白娘子总能把人的病治好，人们就再也不到附近的金山寺去烧香了。这让金山寺里的和尚法海妒火中烧。他告诉许仙，你媳妇是蛇妖，你应该把她赶走。但许仙表示，他的娘子很善良，即便是蛇，也不会害他，何况她还有了身孕。法海无奈，只好把许仙扣在了金山寺里。

听说许仙被扣，白娘子急忙前来营救，大战法海，但终因怀有身孕，敌不过法海的魔法，

103

被压在了雷峰塔之下，恩爱夫妻被活活拆散。后来，小青练功数十载，再战法海，并大获全胜，救出了白娘子。从此，白娘子与许仙重逢，并为他生儿育女，再也没有离开过他。

注　释

① 伏羲：传说他诞生于甘肃天水市一带，是中华民族的人文始祖。
② 女娲：传说是抟土造人的女神，一说为伏羲的妹妹。
③《白蛇传》：中国著名传奇故事。

生　词

1. 亚当　Yàdāng　　　（专名）　　Adam　　　　　　アダム
　　　　　　　　　　　　　　　　　　　　　　　아담

2. 夏娃　Xiàwá　　　　（专名）　　Eve　　　　　　　イブ
　　　　　　　　　　　　　　　　　　　　　　　이브

3. 禁果　jìnguǒ　　　　（名）　　　prohibited apple　禁断の果実
　　　　　　　　　　　　　　　　　　　　　　　금단의 과실

4. 繁衍　fányǎn　　　　（动）　　　breed　　　　　　増やす
　　　　　　　　　　　　　　　　　　　　　　　번식하다

5. 罪恶　zuì'è　　　　　（名）　　　evil　　　　　　　罪悪
　　　　　　　　　　　　　　　　　　　　　　　죄악

6. 传奇　chuánqí　　　（形、名）　legend　　　　　　伝奇
　　　　　　　　　　　　　　　　　　　　　　　전기

7. 杭州西湖 Hángzhōu Xī Hú	（专名）	West Lake	西湖 서호	
8. 藏身 cáng shēn		hide oneself	身を隠す 은거하다	
9. 眼光 yǎnguāng	（名）	eye	センス 안광, 식별능력	
10. 火花 huǒhuā	（名）	spark	火花 불꽃	
11. 烧香 shāo xiāng		burn joss sticks	焼香する 향을 태우다	
12. 和尚 héshang	（名）	Buddist monk	お坊さん 스님, 중	
13. 善良 shànliáng	（形）	good and honest	やさしい 선량하다	
14. 身孕 shēnyùn	（名）	conceived	妊娠 임신하다	
15. 营救 yíngjiù	（动）	rescue	救う 구하다	
16. 魔法 mófǎ	（名）	magic touch	魔法 마술	
17. 恩爱 ēn'ài	（形）	conjugal love	夫婦仲がいい 부부 금슬이 좋다	
18. 拆散 chāisàn	（动）	break	別かれさせる 헤어지게 하다	
19. 重逢 chóngféng	（动）	meet again	再会 다시 만나다	

成语·惯用语

1. 抟土造人 (tuán tǔ zào rén)：指女娲用黄土抟成小人，创造了人类。
2. 举世闻名 (jǔ shì wén míng)：全世界都知道。
3. 温文尔雅 (wēn wén ěr yǎ)：态度温和，举止文雅。
4. 妒火中烧 (dù huǒ zhōng shāo)：非常嫉妒。
5. 大获全胜 (dà huò quán shèng)：获得全面胜利。

练　习

一、填空

| 举世闻名　人间天堂　温文尔雅　大获全胜　生儿育女 |

1. 杭州和苏州自古就被称为（　　　　）。
2. 中国乒乓球队又获得了全部项目的冠军，（　　　　），载誉而归。
3. 织女与人间的牛郎结婚，为他（　　　　），生活得很幸福。
4. （　　　　）的万里长城是世界第八大奇迹。
5. 张教授（　　　　），又风趣幽默，深受学生们的欢迎。

二、将下列B组中与A组有关联的项填在括号内

　　　A 组　　　　　　B 组

　　甲，亚当　　　　子，白蛇

　　乙，人类　　　　丑，禁果

　　丙，杭州西湖　　寅，罪恶

　　丁，法海　　　　卯，人间天堂

　　戊，白娘子　　　辰，金山寺

（甲→　）（乙→　）（丙→　）（丁→　）（戊→　）

三、问答

    1. 亚当和夏娃为什么偷吃了禁果？

    2.《白蛇传》是一个什么样的故事？

    3. 许仙与白娘子是怎么认识的？

    4. 法海为什么妒火中烧？

    5. 法海把白娘子怎么了？

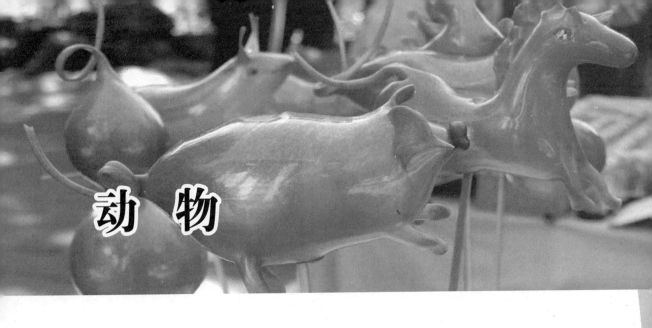

动 物

22　龙与凤的含意

"龙"是原始部族的一种"图腾 (totem)①"。从"龙"的形象我们可以看出，它的头像马，身体像蛇，角像鹿，尾和鳞像鱼，爪像鸡，可以断定"龙"是多个部落联合以后的"图腾"。中国人的祖先黄帝和炎帝的部落都是以"龙"为图腾的。

至今汉语里仍然有很多带"龙"的词，做事情时，最后来神的一笔，叫"画龙点睛"；处于领先地位的人或事，叫"龙头老大"；众多人里没有人主事，叫"群龙无首"；事情的前后经过，叫"来龙去脉"；希望自己的孩子有出息，叫"望子成龙"等等。另外，在日常生活中，茶有"乌龙茶"，面有"龙须面"，水果有"龙眼"，连出水口都叫"水龙头"。

中国人还喜欢"凤"，凤也是各种动

物，特别是禽类图腾的集合。从"凤"的形象中，我们可以看出，它是鸡、鹰和孔雀等禽类的综合。在"龙"的形象里，原来各种动物的特点仍然依稀可辨，说明龙部落具有妥协和共生、共存的特点。而在"凤"的形象里，却只突出了鸟的特点，基本上没留下其它动物的痕迹。可以断定"凤"不是各部落互相妥协的产物，而是征服的结果。可见"龙"有妥协性，而"凤"则有顽固性。

在历史上，"龙"是皇帝的象征，"凤"则成了皇后的象征。更有意思的是，"龙"虽然一直为皇帝独占，但根据"龙生九子"②的说法来看，它似乎是雌性的；而根据"凤求凰"③的说法，又说明凤才是雄性的。

注 释

① 图腾：totem，原始人把自己的氏族、部落的祖先看成某种动物或植物或其他自然物，并把它称作"图腾"。

② 龙生九子：据传说，龙有九个儿子。

③ 凤求凰：自古有"凤求凰"的说法，西汉时期的文学家司马相如有一首著名的赋，也采用了"凤求凰"。

生 词

1. 部落 bùluò	（名）	tribe	部落
			부락
2. 断定 duàndìng	（动）	form a judgment	断定
			단정하다
3. 领先 lǐngxiān	（动）	lead	リードする
			리드하다

4. 主事 zhǔshì	（动）	manage	主管する 주관하다
5. 出息 chūxi	（名、动）	promise	出世 출세하다
6. 乌龙茶 wūlóngchá	（名）	ulong tea	ウーロン茶 우롱차
7. 龙须面 lóngxūmiàn	（名）	longxu noodle	細い面、龍須面 가는 면, 룽쉬맨
8. 龙眼 lóngyǎn	（名）	longan	竜眼 용안
9. 水龙头 shuǐlóngtóu	（名）	tap	蛇口 수도꼭지
10. 禽类 qínlèi	（名）	birds	鳥類 조류
11. 综合 zōnghé	（名、动）	synthesize	総合 종합
12. 孔雀 kǒngquè	（名）	peacock	クジャク 공작새
13. 依稀 yīxī	（形）	dimly	微かに 희미하게
14. 妥协 tuǒxié	（动）	compromise	妥協 타협하다
15. 雌性 cíxìng	（名）	female	メス 암컷
16. 雄性 xióngxìng	（名）	male	オス 수컷

 成语·惯用语

1. 龙头老大（lóngtóu lǎodà）：指带头、起主导作用的人或事物。
2. 群龙无首（qún lóng wú shǒu）：指失去了带头人的群体或集团。
3. 来龙去脉（lái lóng qù mài）：事情的前后经过。
4. 望子成龙（wàng zǐ chéng lóng）：父母希望孩子出人头地。

 练习

一、填空

> 龙头老大　群龙无首　来龙去脉　望子成龙

1. 上海是中国经济发展的（　　　）。
2. 家长们（　　　）心切，考试期间每天都陪着孩子去考场。
3. 他不了解事情的（　　　），所以无法解决问题。
4. 那个公司的总裁被捕了，一时间公司里（　　　），一片混乱。

二、将下列B组中与A组有关联的项填在括号内

A 组	B 组
甲，出水口	子，有妥协性
乙，凤	丑，禽类的综合
丙，龙	寅，水龙头
丁，龙眼	卯，来龙去脉
戊，事情的经过	辰，水果

（甲→　）（乙→　）（丙→　）（丁→　）（戊→　）

三、问答

1. 从龙的形象可以看出什么？
2. 汉语里有哪些带"龙"的词语？
3. 从凤的形象可以看出什么？
4. 为什么说龙有妥协性？
5. 为什么说龙是雌性的？

23 十二生肖的动物们

根据民间传说,玉皇大帝曾命令十二种动物到天宫来排名次。本来被召的动物里有猫没有老鼠,所以老鼠就谎称自己也被召了,它跟猫约好一起去,但自己却提前去了。当天牛到得最早,老鼠到了以后迅速跳到了牛背上。玉皇大帝也许老糊涂了,竟让老鼠得了第一名。可怜的猫因为等老鼠,没有排到名次,从此恨透了老鼠,只要见到老鼠就一定要吃掉它。

其实,十二生肖与"地支"和阴阳思想有关。根据阴阳思想,世界万物都有阴阳。偶数为阴,奇数为阳;脚趾是偶数的动物为阴,脚趾是奇数的动物为阳;上半夜为阴,下半夜为阳。古代时制里,晚上十一点到一点之间叫"子时",既属阴又属阳。十二种动物里,只有老鼠前脚四趾,后脚五趾,兼有阴阳。可见,老鼠排第一位并不是因为它背信弃义的结果,老鼠是被冤枉了。

十二生肖可以计算年龄,判断性格,如,属牛的人忠厚老实,属兔的人与世无争。另外,各种动物还都有象征意义,蛇在西方文化中是阴险狡诈的家伙,而在中国文化中,它却是有情有义的"白娘子";马象征着男人渴望的"马到成功"和女人渴望的"白马王子";"美"字由"羊"和"大"构成,这反映了古人认为羊大就是美的观念。如果谁只是说得好听,但名不符实,那就是"挂羊头卖狗肉"①。

狗是贱的,它常常跟鸡一起搞得人们"鸡犬不宁";人们还常说"杀鸡给猴看"②,意思是"杀一儆百";猪的任务就是长胖了供人们吃肉,吃完了肉,人们再用"蠢猪"骂人。

注 释

① 挂羊头卖狗肉:用好的名义装样子,实际上做坏事。
② 杀鸡给猴看:意思是惩罚一个人来吓唬别的人。

生 词

1. 天宫	Tiāngōng	(专名)	heaven palace	天宫 / 천궁
2. 老鼠	lǎoshǔ	(名)	mouse	ネズミ / 쥐
3. 迅速	xùnsù	(形)	fast	迅速 / 신속히
4. 糊涂	hútu	(形)	bewildered	おろかである / 어리석다
5. 可怜	kělián	(形)	poor	可哀相 / 가련하다
6. 名次	míngcì	(名)	number	順位 / 순서

7. 脚趾 jiǎozhǐ	（名）	toe	足の指	발가락
8. 冤枉 yuānwang	（动）	wrong	冤罪 죄를 들씌우다	
9. 渴望 kěwàng	（动）	thirst for	切望 갈망하다	
10. 蠢猪 chǔnzhū	（名）	idiot	馬鹿 미련둥이, 바보	

成语·惯用语

1. 背信弃义 (bèi xìn qì yì)：不讲信用和义气，背叛朋友。
2. 与世无争 (yǔ shì wú zhēng)：跟谁都没有矛盾。
3. 阴险狡诈 (yīnxiǎn jiǎozhà)：表面和善，暗地毒辣、不怀好心。
4. 马到成功 (mǎ dào chénggōng)：形容人一到就取得成果。
5. 白马王子 (báimǎ wángzǐ)：少女心中理想的恋人。
6. 鸡犬不宁 (jī quǎn bù níng)：搅扰得不得安宁。
7. 杀一儆百 (shā yī jǐng bǎi)：惩罚一个吓唬其他的。

练 习

一、填空

| 背信弃义 | 与世无争 | 阴险狡诈 | 马到成功 | 鸡犬不宁 |

1. 他性格随和，（　　　　），大家都很喜欢他。
2. 他（　　　　），心理阴暗，大家都很讨厌他。

3. 去参加考试之前，家里人都预祝他（　　　），考个好成绩。

4. 由于对方（　　　），不履行合同，使公司蒙受了损失。

5. 校园里闯进一个精神病患者，一时间弄得学校（　　　）。

二、将下列B组中与A组有关联的项填在括号内

A 组	B 组
甲，玉皇大帝	子，忠厚老实
乙，老鼠	丑，阴阳交替
丙，子时	寅，天宫
丁，属牛的人	卯，子时
戊，属兔的人	辰，与世无争

（甲→　）　（乙→　）　（丙→　）　（丁→　）　（戊→　）

三、问答

1. 猫跟老鼠约好做什么？

2. 老鼠到了以后做了什么？

3. 老鼠排第一名的真正原因是什么？

4. 十二生肖可以用来干什么？

5. 猪的任务是什么？

24 谈谈"狗文化"

在汉语里,"狗"主要是用来骂人的,带"狗"的吉祥话凤毛麟角,可带"狗"的骂人话,却可以信手拈来,如,中国人在怒斥别人时常说:走狗、臭狗屎、狗崽子、狗腿子、狗杂种、癞皮狗、狗东西、狗男女、狗仗人势等等。俗语中有"狗拿耗子多管闲事"①,"狗眼看人低"②,"狗改不了吃屎"③,"狗咬狗一嘴毛"④等等。这些词随便拿一个用在哪个人身上,都要挨板儿砖的。

其实,在中国人眼里,狗跟人的关系是非常密切的,自古以来养狗就很普遍,因为它对人有用,于是城乡之间到处是狗。跟外国一样,狗在中国也可以打猎、看家、陪主人,甚至帮警察破案。最近,狗更是在抢险救灾、查获毒品、导盲护理等方面显示了才能。

当然,人与狗的关系永远只能是主仆关系,主人与仆人之间永远成不了朋友。无论狗多么聪明、忠诚、尽职尽责都是不能得到主人尊重的。相反,狗越是顺从、听话、亲近人,人就越是不把它当回事,甚至越来越鄙视它。反观狗的不为人所待见,究其原因,不能不说是因为它有"奴性"和欺软怕硬的性格。

不过,现在的中国人在"狗文化"上也与国际接轨了,出现了宠物医院、宠物商店等。有位小姐去参加朋友的生日晚会,一只小狗奔出来。这位小姐因生性怕狗,所以一直与小狗保持着距离,这使得主人很不高兴,认为不给狗面子就是不给主人面子。可见,狗的地位已经今非昔比了。当然,再怎么说,在目前,要是夸人"像狗一样可爱",恐怕还是不行。

117

注　释

① "狗拿耗子多管闲事"：比喻爱管闲事。
② "狗眼看人低"：指势利眼看不起人。
③ "狗改不了吃屎"：比喻坏毛病改不了。
④ "狗咬狗一嘴毛"：坏人跟坏人互相攻击。

生　词

1. 怒斥	nùchì	（动）	rebuke	叱る 질호하다
2. 走狗	zǒugǒu	（名）	lackey	手先 주구
3. 臭狗屎	chòugǒushǐ	（名）	notorious	犬の糞 구린내 나는 개똥
4. 狗崽子	gǒuzǎizi	（名）	son of dog	犬の子 개새끼
5. 狗腿子	gǒutuǐzi	（名）	lackey	手先 개다리, 앞잡이
6. 狗杂种	gǒuzázhǒng	（名）	hybrid	最低野郎 개종자
7. 癞皮狗	làipígǒu	（名）	rascally	恥知らず 비루먹은 개
8. 狗东西	gǒudōngxi	（名）	despicable creature	嫌なやつ 개자식

9. 狗男女 gǒunánnǚ （名）	dog man and moman	浮気の男女 개같은 연놈
10. 板儿砖 bǎnrzhuān （名）	brick	レンガ 벽돌
11. 打猎 dǎ liè	go hunting	狩る 사냥하다
12. 看家 kān jiā	mind the house	留守番 집지키다
13. 破案 pò àn	investigate	事件解決 사건파안하다
14. 导盲 dǎománg （动）	guide for the blind	盲導する 맹도하다
15. 护理 hùlǐ （动）	nurse	看護 간호하다
16. 顺从 shùncóng （动、形）	submit	従順 순종하다
17. 听话 tīng huà	obedient	従順 말을 듣다, 순종하다
18. 待见 dàijian （动）	like	好む、可愛がる 좋아하다, 귀여워하다
19. 接轨 jiē guǐ	integrate	合わせる 맞추다
20. 宠物 chǒngwù （名）	pet	ペット 페트, 애완용 동물

成语·惯用语

1. 凤毛麟角 (fèng máo lín jiǎo)：形容非常少而珍贵。
2. 信手拈来 (xìn shǒu niān lái)：太简单、太容易，随便就能拿出来。
3. 狗仗人势 (gǒu zhàng rén shì)：依仗主人的势力欺负人。
4. 尽职尽责 (jìn zhí jìn zé)：负责任地认真工作。
5. 欺软怕硬 (qī ruǎn pà yìng)：欺负弱者，害怕强者。
6. 今非昔比 (jīn fēi xī bǐ)：跟以前没法比。

 练 习

一、填空

凤毛麟角　信手拈来　狗仗人势　今非昔比

1. 她是歌唱演员，唱歌对她来说是（　　　　）的事。
2. 现在会说满语的人（　　　　）。
3. 他（　　　　），利用主人的势力欺负人。
4. 这里发生了很大的变化，早已经（　　　　）了。

二、将下列B组中与A组有关联的项填在括号内

A 组　　　　　　B 组

甲，狗眼　　　　子，多管闲事

乙，狗咬狗　　　丑，宠物商店

丙，狗拿耗子　　寅，主人与仆人

丁，人与狗　　　卯，一嘴毛

戊，狗文化　　　辰，看人低

（甲→　）（乙→　）（丙→　）（丁→　）（戊→　）

三、问答

1. 在汉语里,有哪些带"狗"的俗语?
2. 跟外国一样,狗在中国也可以干什么?
3. 狗还在哪些方面显示了才能?
4. 狗为什么不为人所待见?
5. 生日晚会上,主人为什么很不高兴?

25 "人心不足蛇吞相"

很多人都知道"人心不足蛇吞相"这句话，这是一句俗话，意思是说人贪心不足，欲壑难填。很多人写成"人心不足蛇吞象"①，一看就明白，意思是"人心永远不能满足，贪心太重，就像蛇一样，想把一头大象吞掉"。

其实，"人心不足蛇吞相"是一个典故，其大意是：

从前有一个很穷的人救了一条蛇，蛇为了报答他的救命之恩，于是就让这个人提出要求，满足他的愿望。这个人一开始只要求简单的衣食，蛇都一一满足了他。后来，这个人慢慢地胃口开始大了起来，当他听说皇帝想要一颗夜明珠②，找到夜明珠的人可以当官时，就来与蛇商量。蛇为了报答他，就对他说，自己的眼睛就是夜明珠，可以把它挖下来献给皇帝。于是，这人挖下了蛇的眼睛，献给了皇帝并真的当了官。

谁知，后来皇后得知皇帝有夜明珠，也闹着要一颗。于是，皇帝张榜公布，谁献上第二颗夜明珠谁就能当宰相。于是，那个当了官的人就带着皇帝的卫士找到蛇，要蛇交出另一只眼睛。蛇就剩下一只眼睛了，它劝那人适可而止，不要太贪心。但那人利令智昏，哪里听得进去，竟然要强行挖掉蛇的眼睛。此时，蛇终于明白了，人的贪心是永无止境的。于是，蛇变成一条大蟒，一口把这个企图当宰相的人吞掉了。

由此可见，这个典故说的不是蛇因为贪心吞掉大象，而是人因为贪心被蛇吞掉的意思。被吞掉的是宰相的"相"，不是大象的"象"。

注　释

① 人心不足蛇吞象：比喻人不能满足，贪得无厌。

② 夜明珠：传说中能够发光的珍珠。

 ## 生　词

1. 贪心	tānxīn	（形）	greed	欲張る 욕심부리다
2. 典故	diǎngù	（名）	allusion	典故 전고
3. 满足	mǎnzú	（动）	feel satisfied	満足 만족하다
4. 胃口	wèikǒu	（名）	appetite	欲 욕
5. 夜明珠	yèmíngzhū	（名）	lighting pearl in night	夜光る真珠 야광명주
6. 张榜	zhāng bǎng	（动）	put up a notice	合格者を発表する 공시하다
7. 宰相	zǎixiàng	（名）	prime minister	宰相 재상
8. 卫士	wèishì	（名）	guard man	ガードマン 수위, 경비원
9. 大蟒	dàmǎng	（名）	boa	大蛇 큰 뱀

成语·惯用语

1. 欲壑难填（yù hè nán tián）：同贪得无厌。
2. 贪心不足（tānxīn bù zú）：同欲壑难填。
3. 救命之恩（jiù mìng zhī ēn）：救过性命的恩情。
4. 适可而止（shì kě ér zhǐ）：意思是不要过分，到适当程度就要停止。
5. 利令智昏（lì lìng zhì hūn）：被利益冲昏了头脑。
6. 永无止境（yǒng wú zhǐ jìng）：永远没有尽头。

练 习

一、填空

| 贪心不足　救命之恩　适可而止　利令智昏 |

1. 孩子玩儿电脑应该（　　　），不能影响学习。
2. 那个乡镇干部（　　　），竟然挪用了救灾的款项。
3. 发洪水的时候，解放军对他有（　　　），他给部队送了一块匾。
4. 他（　　　），没完没了地进行敲诈，最后被杀死了。

二、将下列B组中与A组有关联的项填在括号内

  A 组　　　　　　　B 组

  甲，报答　　　　　子，眼睛

  乙，欲壑难填　　　丑，救命之恩

  丙，夜明珠　　　　寅，贪心不足

  丁，皇帝　　　　　卯，大蟒

  戊，蛇　　　　　　辰，张榜

（甲→　）（乙→　）（丙→　）（丁→　）（戊→　）

三、问答

    1. 蛇为什么让那个穷人提要求？

    2. 找到夜明珠的人会怎么样？

    3. 蛇为了报答那个人，对他说了什么？

    4. 皇帝为什么张榜？

    5. 蛇终于明白了什么？

26　到底有没有野人

　　神农架，位于湖北省与四川省的交界处，是一个古老而神奇的地方。相传，距今5000年前，中华民族的伟大始祖炎帝神农氏就是在这里尝遍百草的，因此这里被称为神农架。如今。神农架的最诱人之处，是关于"野人"的传说。

　　据传，野人在山上遇到人的时候，先是抓住人的胳膊大笑，直到笑得晕过去为止，醒来后再把人咬死。还据说野人身高两米以上，像人一样直立行走，有跟人一样的五官，浑身是黑红色的毛，但没有尾巴。

　　1974年5月1日，神农架附近的一个叫殷洪的农民上山时，一个直立走路的怪物伸手来抓他。他情急之下，抡起砍刀向那怪物砍去，怪物慌忙向树林跑去。

　　1976年5月14日，神农架林区几位干部开车进山，司机猛然发现一个怪物迎面走来。当几个人把车开到它跟前，想要下车抓住它时，它转身跑了。据目击者回忆，这个怪物大腿很长，前肢较短，眼睛像人，眉骨突出。

　　2001年10月3日，专家们在当地一块巨石后面发现了一个高两米以上的动物睡窝，是用箭竹①柔软的上部铺成的。经专家鉴定，已知的高等灵长②目动物筑巢均不可能达到如此高的工艺水平。但是，至今尚未捕获到野人，活的没有，死的也没有，甚至连任何有力的证据都没有。现在，尽管目击报告仍然不断传来，可是人们不敢全信，也不能不信。即便是有，在神农架三千多平方公里的原始森林，要想探明野人的行踪，短时间内也是不可能的。

注　释

① 箭竹：竹子的一种，大熊猫主要食用这种竹子。
② 灵长类：动物学分类，是人类的近亲，在组织结构、免疫、生理和代谢等方面与人类高度近似。

生　词

1. 神农架　Shénnóngjià　（专名）the name of place　神農架　신농가(지명)

2. 湖北省　Húběi Shěng　（专名）Hubei province　湖北省　호북성

3. 四川省　Sìchuān Shěng　（专名）Sichuan province　四川省　사천성

4. 交界处　jiāojièchù　（名）have a common boundary　境界　국경

5. 炎帝　Yándì　（专名）Yan emperor　炎帝　염나라 제왕

6. 诱人　yòurén　（形）tempt　魅力的　매력적이다

7. 野人 yěrén	（名）	savage	野人
			야만인
8. 怪物 guàiwu	（名）	monster	怪物
			괴물
9. 目击者 mùjīzhě	（名）	witness	目撃者
			목격자
10. 大腿 dàtuǐ	（名）	leg	モモ
			넓적다리
11. 行踪 xíngzōng	（名）	whereabouts	行方
			행방
12. 工艺 gōngyì	（名）	technology	工芸
			공예
13. 筑巢 zhù cháo		make nest	巣をつくる
			둥지틀다

 成语·惯用语

1. 直立行走 （zhílì xíngzǒu）：用下肢站立走路。
2. 情急之下 （qíngjí zhī xià）：在紧急的情况下。

 练 习

一、填空

直立行走　情急之下　诱人之处　迎面走来

1. 险峻是西岳华山的最（　　　）。

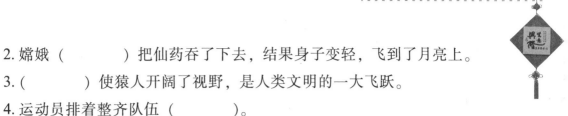

2. 嫦娥（　　　）把仙药吞了下去，结果身子变轻，飞到了月亮上。

3. （　　　）使猿人开阔了视野，是人类文明的一大飞跃。

4. 运动员排着整齐队伍（　　　）。

二、将下列B组中与A组有关联的项填在括号内

　　　A 组　　　　　　B 组

　甲，神农氏　　　　子，箭竹

　乙，神农架　　　　丑，野人

　丙，大熊猫　　　　寅，尝百草

（甲→　）　（乙→　）　（丙→　）

三、问答

1. 神农架位于什么位置？

2. 神农架因为什么得名？

3. 据说野人什么样？

4. 野人遇到人后怎么样？

5. 林区的几位干部发现了一个什么样的怪物？

关于中国

27　关于中国的国名

周武王伐纣①以后，开始寻找天下的中心做首都，很快选择了洛阳，因此，洛阳一带被称为"中原"、"中州"或"中土"。庄子说"中国有人焉，……处于天地之间"，意思是说，中原一带居住着人，……处在大地的中间。《红楼梦》里提到真真国的女子，通中国的诗书，会讲五经②，她写的诗"竟比我们中国人还强"。可见，"中国"一词本来是"中原"的意思。"华"是伏羲的故乡华胥国③的名称，"夏"是夏朝的名称。史书《左传》④里就有"华夏"一词。辛亥革命⑤以后，孙中山定国名为"中华民国"，"中华"指"中华民族"，也指作为国家的"中国"，由此，"中国"一词也就从"中原"的意思变成了"中华民国"的简称。

有人说景德镇原名昌南镇，昌南镇的瓷器传到了欧洲，于是，英语就把瓷

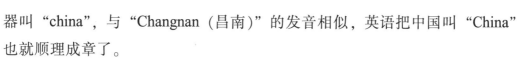

器叫"china"，与"Changnan（昌南）"的发音相似，英语把中国叫"China"也就顺理成章了。

也有另外一种解释，古代印度管中国叫"Chini"，据说来源于"秦"的音译。唐朝的和尚在翻译印度的佛教经典时，把"Chini"翻成了"支那"，据说英语的"China"也来源于此。汉语把"Indochina"称为"印度支那"，可见，"支那"一词并无贬义。晚清的革命党人也自称"支那人"，宋教仁⑥曾创办《二十世纪之支那》，梁启超⑦曾用过"支那少年"的笔名。

辛亥革命后，日本把"中华民国（Republic of China）"译成"支那共和国"，1930年，经中国政府交涉才改过来，但日本军人不肯改正。到了抗日战争期间，日本政府又用起了"支那"的称呼，但战后盟军司令部确认"支那"一词含有贬义，责令日本外务省停止使用，从此，"支那"一词成了死语。

注　释

① 周武王伐纣：指周国的武王讨伐商朝最后一个皇帝纣王的事。
② 五经：指《诗经》、《尚书》、《礼记》、《易经》、《春秋》，常与"四书"（《大学》、《中庸》、《论语》、《孟子》）合称《四书五经》。
③ 华胥国：传说是中国的人文始祖伏羲的出生地，今甘肃天水一带。
④《左传》：春秋时期的著名史书，著者左丘明。
⑤ 辛亥革命：1911年发生的推翻清政府的革命。
⑥ 宋教仁：辛亥革命时期著名的革命党人。
⑦ 梁启超：中国近代著名思想家。

生　词

1. 华夏 Huáxià	（专名）	an ancient name for China	中国の旧名	중국의 구 명칭
2. 中华民国 Zhōnghuá Mínguó	（专名）	The Republic of China	中華民国	중화민국
3. 景德镇 Jǐngdézhèn	（专名）	the name of place	景德鎮	경덕진
4. 昌南镇 Chāngnánzhèn	（专名）	the name of place	昌南鎮	창남진
5. 瓷器 cíqì	（名）	china	瓷器	자기
6. 印度 Yìndù	（专名）	India	インド	인도
7. 支那 Zhīnà	（专名）	China	中国の旧名	중국의 구 명칭
8. 印度支那 Yìndù Zhīnà	（专名）	Indochina	インドシナ	인도지나
9. 晚清 Wǎn Qīng	（专名）	later Qing dynasty	清末	청조말기
10. 革命党 gémìngdǎng	（名）	the revolution pary	革命党	혁명당
11. 交涉 jiāoshè	（动）	negotiate	交渉	교섭

12.	改正 gǎizhèng	（动）	correct	改正	
				개정	
13.	抗日战争 kàng Rì Zhànzhēng	（专名）	against	抗戦	
				항일전쟁	
14.	盟军 méngjūn	（名）	allied forces	同盟軍	
				동맹군	
15.	司令部 sīlìngbù	（名）	headquarters	司令部	
				사령부	
16.	责令 zélìng	（动）	order	命令	
				명령	
17.	外务省 wàiwùshěng	（名）	the Ministry	外務省	
				외무성	
18.	死语 sǐyǔ	（名）	unused language	死語	
				사어, 폐어	

 成语·惯用语

顺理成章（shùn lǐ chéng zhāng）：理所当然地必然要出现的结果。

 练　习

一、填空

顺理成章　天下的中心　天地之间　停止使用

1. 古人认为中国是（　　　　）。
2. "中华民国"一词，新中国成立以后就（　　　　）了。

东方韵味——中国文化泛读教程 下册

3. 学电脑的毕业以后去电脑公司工作是（　　　　）的事。

4. 我们的祖先认为人处在（　　　　），故把天、地、人称为"三才"。

二、将下列B组中与A组有关联的项填在括号内

A 组　　　　　　B 组

甲，武王　　　　子，中原

乙，洛阳　　　　丑，伐纣

丙，《左传》　　　寅，中华民国

丁，孙中山　　　卯，华夏

戊，景德镇　　　辰，瓷器

（甲→　）（乙→　）（丙→　）（丁→　）（戊→　）

三、问答

1. 洛阳一带为什么被称为"中原"？

2. "华夏"一词是怎么来的？

3. 英语把"中国"叫什么？为什么？

4. "支那"一词是怎么来的？

5. "支那"一词为什么含有贬义？

关于中国

28 "北京"名称的变迁

14世纪中叶，朱元璋在江南起兵，很快统一了长江中下游以南的广大地区。1368年（洪武元年①），朱元璋在南京称帝，建立了明朝。9月12日他派大将徐达北伐，进入元朝的首都大都，元朝最后一个皇帝弃城逃走，由此，大都被改名为"北平府"。明永乐元年（1403年），北平府的燕王朱棣②（Zhū Dì）做了皇帝。1427年（明永乐19年），朱棣把都城从南京迁到北平府，并改称"北京"。顺便说一下，朱棣就是派遣郑和③七下西洋的那个皇帝。

270多年以后，明朝灭亡，满族人从东北进入北京，也在北京定都。所以，除了朱元璋一时在南京建都之外，元、明、清三个朝代，长达600多年的时间里，中国的政治中心一直在北京。清朝灭亡以后，孙中山曾一时在南京建都，但是，政权很快由北洋政府④掌握，中国的首都还是在北京。

20世纪20年代后期，北洋军阀政府濒于灭亡。1928年6月4日，掌管北京的张作霖⑤在退回沈阳途中，被日本军人炸死。同时，北伐军政府任命阎锡山⑥为京津卫戍总司令，全权接收北京事务。6月15日，南京政府宣布中国"统一告成"，因为首都是南京，所以，6月20日，北京又被改回"北平"。1937年，日军占领北平，并于10月12日，将北平再改为"北京"。而到了1945年日本投降后，又一次被改回"北平"。

1949年9月27日，中国人民政治协商会议⑦决议定都北平，并从即日起改"北平"为"北京",确定北京为中华人民共和国的首都。北京名称的改动,反映了中国历史的兴衰更替。

注　释

①洪武元年:"洪武"是朱元璋的年号,元年是第一年。

②燕王朱棣:朱棣是朱元璋的第四子,明朝第三个皇帝。

③郑和:著名航海家,曾率领当时世界最大的船队七次下西洋。

④北洋政府:孙中山领导的辛亥革命推翻清政府以后,由清朝北洋派军阀组成的政府。

⑤张作霖:属于北洋军阀,控制中国东北,曾一度进驻北京任北洋政府海陆军大元帅。

⑥阎锡山:山西地方势力人物。

⑦政治协商会议:建国前夕召开的由中国各民主党派参加的共商国计的大会。

生　词

1. 起兵　qǐ bīng　　　　　　rise up　　　　　　蜂起
　　　　　　　　　　　　　　　　　　　　　　폭동, 봉기

2. 称帝　chēng dì　　　　　 be enthroned　　　　皇帝になる
　　　　　　　　　　　　　　　　　　　　　　황제로 칭하다

3. 大都　Dàdū　　　　(专名) the name of place　北京の旧名
　　　　　　　　　　　　　　　　　　　　　　북경의 구 명칭

4. 掌管	zhǎngguǎn	（动）	control	管理	관리하다
5. 告成	gàochéng	（动）	successful	成功	성공을 고하다
6. 投降	tóuxiáng	（动）	surrender	投降	투항하다
7. 改动	gǎidòng	（动）	change	改正	개정하다
8. 即日	jírì	（名）	the same day	当日	당일
9. 京津	Jīng Jīn	（专名）	Beijing and Tianjin	天津と北京	북경과 천진
10. 卫戍司令	wèishù sīlìng		garrisonal commander	防衛司令官	경비사령관

成语·惯用语

1. 濒于灭亡 (bīnyú mièwáng)：马上就要灭亡了。
2. 兴衰更替 (xīngshuāi gēngtì)：主要指王朝的交替更迭。

练　习

一、填空

　　濒于灭亡　　兴衰更替　　全权接收　　从即日起

1. 中国的历史经历了许多王朝的（　　　　）。

2. 债权人（　　　）了公司的所有财产。

3. 19世纪末，清政府签订了一系列不平等条约，国力逐渐衰退，（　　　）。

4. 总经理在成立大会上宣布，分公司（　　　）正式投入运营。

二、将下列B组中与A组有关联的项填在括号内

  A 组　　　　　　　B 组

  甲，朱元璋　　　　子，七下西洋

  乙，郑和　　　　　丑，明朝

  丙，元朝　　　　　寅，大都

  丁，北洋政府　　　卯，南京

  戊，孙中山　　　　辰，北京

（甲→　）　（乙→　）　（丙→　）　（丁→　）　（戊→　）

三、问答

1. 北平府是怎样建立的？
2. 北京的名字是从什么时候开始的？
3. 都有哪些王朝是在北京定都的？
4. 北京最后一次改名是哪一年？
5. 北京名称的改动反映了什么？

关于中国

29　国旗的五颗星

中国应该是世界上最早使用旗帜的国家,但是使用国旗则是到了清朝末年才开始的。当时,李鸿章要出国访问,按照国际礼仪要升国旗,奏国歌,所以急忙设计了一面黄地红日蓝龙的"黄龙旗"。"黄龙旗"实际上是脱胎于清朝八旗的正黄旗。

辛亥革命后,孙中山采用了陆浩东①设计的"青天白日旗"做国民党的党旗和"中华民国"的国旗。北洋政府使用的是五色国旗,红黄蓝白黑五种颜色分别代表汉满蒙回藏五个民族。

新中国的国旗可以说是毛泽东与梁启超的儿子,著名建筑学

家梁思成②设计的。按毛泽东的解释,大五星代表中国共产党,四个小五星代表四大阶级(工人、农民、小资产阶级、民族资产阶级)。当时,毛泽东还预见到将来四个阶级会发生变化,所以他说五星也可以象征全国人民的大团结。但不管怎么说,五星还是让人联想起苏联的国旗,显得没有中国特色,所以,有人持批评态度。相比之下,清朝的国旗虽然"老土",但是它还是反映了中国的特点。

1995年的一次考古发现,对主张修改国旗的中国人来说,是个不大不小的震动。出土文物中有一面织锦物,上面绣着五颗星,还写着"五星出东方利中国"③的字样。根据历史记载,"五星"是指阴阳五行④里的金、木、水、火、土。《汉书》上有"五星出东方,中国大利,蛮夷大败"的文字;马王堆出土的帛书上也有"汉之兴,五星聚于东方"的字样。

毛泽东当时也许没有意识到阴阳五行,但他选择的"五星"却在无意中包含了深远的传统意义。看来,"五星"关系国运,也许不宜随便更改。

注　释

① 陆浩东:孙中山的密友,辛亥革命前为推翻清政府而奔走的革命党人。
② 梁思成:中国著名建筑学家,梁启超的儿子。
③ "五星出东方利中国":意思是东方出现五星,有利于中原一带。
④ 阴阳五行:中国传统哲学思想,认为万物都是阴和阳的对立统一;还认为世界是由金、木、水、火、土五种基本元素构成的。
⑤《汉书》:中国著名史学著作,著者东汉的班固。
⑥ 马王堆:1971年在湖南省长沙发现的汉代墓葬。

生　词

1. 旗帜 qízhì	（名）	flag	旗 기발
2. 国旗 guóqí	（名）	national flag	国旗 국기
3. 国歌 guógē	（名）	national anthem	国歌 국가

关于中国

4. 脱胎 tuōtāi （动） be born out of 生まれ変わる
   다시 태어나다

5. 八旗 Bāqí （专名） eight flag 満州人の軍政制度
   마주인의 군정제도

6. 正黄旗 Zhènghuángqí （专名） yellow flag 正黄旗
   정황기(마주인의 기발)

7. 青天白日旗 qīngtiān báirìqí （名） blue sky and white sun flag 国民党の党旗
   청천백일기(국민당 당기)

8. 工人 gōngrén （名） worker 労働者
   노동자

9. 农民 nóngmín （名） peasant 農民
   농민

10. 资产阶级 zīchǎn jiējí the bourgeoisie ブルジョアジー
    자산계급

11. 老土 lǎotǔ （形） old-fashioned 田舎っぽい
    촌스럽다

12. 织锦物 zhījǐnwù （名） brocade 錦織物
    채색무늬가 있는 공단 견직물

13. 字样 zìyàng （名） letter 字形
    글자 모양

14. 国运 guóyùn （名） the fate of a nation 国運
    나라의 운명

15. 帛书 bóshū （名） characters inscribed on silk 帛書
    백서

成语·惯用语

1. 不管怎么说（bùguǎn zěnme shuō）：无论如何。
2. 相比之下（xiāngbǐ zhī xià）：比较起来。
3. 不大不小（bú dà bù xiǎo）：大小正好。本文中有比较大的意思。

一、填空

| 无意中　不管怎么说　不大不小　相比之下 |

1. （　　　）两个人吵架，动手打人是不对的。
2. 这件衣服他穿上（　　　），正合适。
3. 周围盖起了新楼，（　　　）旧楼显得有点儿老土了。
4. 他喝醉了酒，（　　　）说出了企业的秘密。

二、将下列B组中与A组有关联的项填在括号内

A 组	B 组
甲，八旗	子，出土文物
乙，青天白日旗	丑，新中国
丙，五色国旗	寅，北洋政府
丁，五星红旗	卯，中华民国
戊，马王堆	辰，清朝

（甲→　）（乙→　）（丙→　）（丁→　）（戊→　）

三、问答

    1. 黄龙旗是怎么来的？

    2. 毛泽东是怎样解释五星红旗的含意的？

    3. 为什么有人对五星红旗有异议？

    4. 1995年的一次考古发现出土了什么？

    5. 历史资料是如何记载"五星"的？

30　清朝为什么不修长城

长城不只有一条，而是有多条；最早修长城的也不是秦始皇，而是春秋时期的楚国；现在的长城也不是孟姜女哭倒的长城。除了元朝和清朝，中国历朝都修过长城，但都没避免灭亡的结局。我们现在登上的八达岭是明长城，修建明长城是中原人对北方民族的最后一次防御。

元朝不修长城，不是因为他们知道那"防胡万里城"是虚构的，也不是因为他们知道"祸起萧墙内"的道理，而是因为修城墙本来就不是蒙古人的性格。蒙古人从骨子里就没有边界意识，他们只会用马蹄去践踏别人的长城，他们才不会对那封闭的大墙感兴趣呢！

蒙古势力衰落之后，中国人又开始修长城了。明长城是坚固的，因为它的八达岭一段是英勇善战的戚继光①修的，山海关是文韬武略的徐达②修的。明朝统治了270多年，也修了270多年的长城，可见，明朝是个内心十分空虚的王朝。

顾炎武③在总结历代王朝灭亡的教训时说："地非不险，城非不高，兵非不多，粮非不足也，国法不行而人心去也。"他把王朝兴亡的原因归结为民心所向，可谓一针见血。

满族人在东北老家修过"柳条边"④，但"柳条边"不是军事工事，它的目的是阻挡关内的老百姓进入关外，防止他们分享东北的人参、貂皮、乌拉草和大豆、高粱、鹿茸角。清朝不修长城，是因为他们用宗教、通婚、交流

等软办法笼络了蒙古人,把长城修到了人的心里。

当然,在今天,这曾经被鲁迅称之为"伟大而可诅咒"的长城,已经是世界新七大奇迹之一,是吸引游客的重要景点。

注　释

① 戚继光:明代著名军事家。
② 徐达:明代著名政治家。
③ 顾炎武:明代著名思想家。
④ 柳条边:满族人在东北用柳条编的一道篱笆墙。

生　词

1. 楚国 Chǔ Guó	(专名) Chu state	楚国 초나라
2. 元朝 Yuán Cháo	(专名) Yuan dynasty	元朝 원나라
3. 清朝 Qīng Cháo	(专名) Qing dynasty	清朝 청나라
4. 八达岭 Bādálǐng	(专名) Badaling	八達嶺 팔달령
5. 明长城 Míng Chángchéng	(专名) the Great Wall of Ming dynasty	明朝の万里の長城 명조의 만리장성

6. 蒙古人 Měnggǔrén	(专名)	Mongolian	蒙古人 몽골인
7. 边界 biānjiè	(名)	boundary	国境 국경
8. 马蹄 mǎtí	(名)	horses hoofs	馬の蹄 말발굽
9. 践踏 jiàntà	(动)	tread on	踏みつける 짓밟다
10. 衰落 shuāiluò	(动)	fail	衰退 쇠퇴하다
11. 山海关 Shānhǎiguān	(专名)	Shanhai pass	山海関 산해관
12. 空虚 kōngxū	(形)	hollow	空しい 공허하다
13. 满族人 Mǎnzúrén	(专名)	Manchurian	満州族人 만족
14. 关内 Guānnèi	(专名)	inside pass	関内 관내
15. 关外 Guānwài	(专名)	outside pass	関外 관외
16. 人参 rénshēn	(名)	ginseng	朝鮮人参 조선인삼
17. 貂皮 diāopí	(名)	martens skin	テンの毛皮 담비의 모피
18. 乌拉草 wùlacǎo	(名)	a kind of grass	草の一種 풀의 일종

19. 大豆 dàdòu	（名）	soybean	大豆 콩
20. 高粱 gāoliang	（名）	sorghum	コーリャン 수수
21. 鹿茸角 lùróngjiǎo	（名）	pilose antler	鹿の角 녹각, 사슴뿔리
22. 笼络 lǒngluò	（动）	win people over by unfair means	篭絡する 농락하다
23. 诅咒 zǔzhòu	（动）	curse	ののしる 저주하다

成语·惯用语

1. 祸起萧墙（huò qǐ xiāoqiáng）：指从内部发生矛盾。
2. 英勇善战（yīngyǒng shàn zhàn）：作战勇敢而且战之能胜。
3. 文韬武略（wén tāo wǔ lüè）：指政治家、军事家文有策略，武有韬略。
4. 一针见血（yì zhēn jiàn xiě）：指看问题非常准确、尖锐。

练　习

一、填空

> 祸起萧墙　英勇善战　文韬武略　一针见血

1. "铁军"是中国现代史上一支（　　　）的队伍。
2. 孙武把自己的（　　　）写成了书，为历史贡献了一部天才的著作

《孙子兵法》。

3. 正当他们全力以赴要打垮对手的时候，结果（　　　　），公司内部出现了矛盾。

4. 军事家克劳赛维茨（　　　　）地指出："战争是政治通过暴力的继续。"

二、将下列B组中与A组有关联的项填在括号内

   A 组   **B 组**

  甲，孟姜女   子，柳条边

  乙，马蹄   丑，山海关

  丙，戚继光   寅，八达岭

  丁，徐达   卯，践踏

  戊，东北   辰，哭倒长城

（甲→　）（乙→　）（丙→　）（丁→　）（戊→　）

三、问答

1. 元朝为什么不修长城？
2. 明朝修了多长时间的长城？
3. 顾炎武认为王朝兴替的原因是什么？
4. 长城是从什么时候开始修建的？
5. 清朝为什么不修长城？

生 词 总 表

A

AA 制（名）	AA zhì	5
阿拉伯（专名）	Ālābó	14
矮子（名）	ǎizi	10
肮脏（形）	āngzāng	1
奥妙（名）	àomiào	4

B

八达岭（专名）	Bādálǐng	30
八旗（专名）	Bāqí	29
巴黎（专名）	Bālí	4
芭蕾（名）	bālěi	15
败北（动）	bàiběi	7
板儿砖（名）	bǎnrzhuān	24
扮演（动）	bànyǎn	2
保持（动）	bǎochí	6
保暖（动）	bǎonuǎn	14
报应（动名）	bàoyìng	10
暴躁（形）	bàozào	8
悲惨（形）	bēicǎn	10
背叛（动）	bèipàn	12
奔放（形）	bēnfàng	3
本能（名）	běnnéng	4
笔记本电脑	bǐjìběn diànnǎo	16
边界（名）	biānjiè	3
贬义（名）	biǎnyì	9
匾额（名）	biǎn'é	18
变迁（动）	biànqiān	1
便所（名）	biànsuǒ	6
辫子（名）	biànzi	15
标题（名）	biāotí	11
玻璃（名）	bōli	11
帛书（名）	bóshū	29
博览会（名）	bólǎnhuì	6
渤海（专名）	Bó Hǎi	18
部落（名）	bùluò	22

C

残暴（形）	cánbào	18
残酷（形）	cánkù	15
苍蝇（名）	cāngying	6
藏身	cáng shēn	21
厕所（名）	cèsuǒ	6
拆散（动）	chāisàn	21
昌南镇（专名）	Chāngnánzhèn	27
常言（名）	chángyán	2

词	拼音	页	词	拼音	页
嘲笑（动）	cháoxiào	8		**D**	
臣服（动）	chénfú	7	搭讪（动）	dāshàn	1
沉静（形）	chénjìng	13	答应（动）	dāying	18
陈醋（名）	chéncù	3	打猎	dǎ liè	24
称帝	chēng dì	28	打听（动）	dǎting	18
成婚	chéng hūn	18	大都（专名）	Dàdū	28
成亲	chéng qīn	18	大豆（名）	dàdòu	30
成全（动）	chéngquán	20	大蟒（名）	dàmǎng	25
承载（动）	chéngzài	9	大腿（名）	dàtuǐ	26
惩罚（动）	chénfá	2	大衣（名）	dàyī	11
吃醋	chī cù	3	待见（动）	dàijian	24
吃亏	chī kuī	4	单纯（形）	dānchún	12
吃香（形）	chīxiāng	4	单独（副）	dāndú	12
痴狂（形）	chīkuáng	15	淡泊（形）	dànbó	1
充其量（副）	chōngqíliàng	6	刀叉（名）	dāochā	5
冲击（动）	chōngjī	7	刀削面（名）	dāoxiāomiàn	3
宠物（名）	chǒngwù	24	导盲（动）	dǎománg	24
丑陋（形）	chǒulòu	10	倒牙	dǎo yá	3
臭狗屎（名）	chòugǒushǐ	24	盗匪（名）	dàofěi	20
出差	chū chāi	4	低调（形）	dīdiào	16
出息（名、动）	chūxi	22	敌人（名）	dírén	11
楚国（专名）	Chǔ Guó	30	抵挡（动）	dǐdǎng	14
传奇（形、名）	chuánqí	21	地板（名）	dìbǎn	6
戳破（动）	chuōpò	4	地球（名）	dìqiú	12
蠢猪（名）	chǔnzhū	23	典故（名）	diǎngù	25
瓷器（名）	cíqì	27	典雅（形）	diǎnyǎ	13
雌性（名）	cíxìng	22	貂皮（名）	diāopí	30
重逢（动）	chóngféng	21	叮嘱（动）	dīngzhǔ	17

生词总表

东京（专名）	Dōngjīng	4
肚皮（名）	dùpí	4
断定（动）	duàndìng	22

E

恩爱（形）	ēn'ài	21
而已（助）	éryǐ	4

F

发掘（动）	fājué	2
发霉	fā méi	2
发送（动）	fāsòng	10
罚酒	fájiǔ	2
法拉力（专名）	Fǎlālì	16
发妻（名）	fàqī	10
繁衍（动）	fányǎn	21
反响（名）	fǎnxiǎng	11
饭局（名）	fànjú	2
非典（名）	fēidiǎn	5
非法（形）	fēifǎ	20
分餐（名）	fēncān	5
分割（动）	fēngē	12
丰厚（形）	fēnghòu	16
风貌（名）	fēngmào	11
封面（名）	fēngmiàn	11
扶柩（动）	fújiù	20
服装（名）	fúzhuāng	13
抚养（动）	fǔyǎng	12
富裕（形）	fùyù	19

G

改动（动）	gǎidòng	28
改正（动）	gǎizhèng	27
干净（形）	gānjìng	6
擀皮	gǎn pí	4
刚强（形）	gāngqiáng	7
高贵（形）	gāoguì	7
高粱（名）	gāoliang	30
高雅（形）	gāoyǎ	16
告成（动）	gàochéng	28
歌女（名）	gēnǚ	8
革命党（名）	gémìngdǎng	27
工人（名）	gōngrén	29
工艺（名）	gōngyì	26
公厕（名）	gōngcè	6
公主（名）	gōngzhǔ	10
攻击（动）	gōngjī	6
宫殿（名）	gōngdiàn	7
宫女（名）	gōngnǚ	15
恭维（动）	gōngwei	6
勾引（动）	gōuyǐn	10
狗东西（名）	gǒudōngxi	24
狗男女（名）	gǒunánnǚ	24
狗腿子（名）	gǒutuǐzi	24
狗杂种（名）	gǒuzázhǒng	24
狗崽子（名）	gǒuzǎizi	24
古墓（名）	gǔmù	2
瓜葛（名）	guāgé	14

怪物（名）	guàiwu	26		蝴蝶（名）	húdié	19
关内（专名）	Guānnèi	30		糊涂（形）	hútu	23
关外（专名）	Guānwài	30		护理（动）	hùlǐ	24
冠心病（名）	guānxīnbìng	8		花哨（形）	huāshao	13
国歌（名）	guógē	29		花样滑冰	huāyàng huábīng	19
国旗（名）	guóqí	29		华夏（专名）	Huáxià	27
国运（名）	guóyùn	29		化蝶	huà dié	19
国葬（名）	guózàng	18		化石（名）	huàshí	12
果然（副）	guǒrán	17		话题（名）	huàtí	11
过夜	guò yè	12		换脸	huàn liǎn	15
H				慌忙（副）	huāngmáng	17
含蓄（形）	hánxù	6		皇帝（名）	huángdì	7
杭州西湖(专名)	Hángzhōu Xī Hú	21		婚戒（名）	hūnjiè	7
豪华（形）	háohuá	6		婚姻（名）	hūnyīn	12
豪爽（形）	háoshuǎng	3		火花（名）	huǒhuā	21
好奇心（名）	hàoqíxīn	12		**J**		
喝闷酒	hē mènjiǔ	2		畸形（名）	jīxíng	15
合法（形）	héfǎ	20		极端（副）	jíduān	14
和尚（名）	héshang	21		即日（名）	jírì	28
红娘（专名）	Hóngniáng	20		记载（动、名）	jìzǎi	5
后缀（名）	hòuzhuì	7		记者会（名）	jìzhěhuì	4
厚道（形）	hòudao	3		家庭（名）	jiātíng	12
狐狸（名）	húli	3		价值（名）	jiàzhí	4
狐狸精（名）	húlijīng	9		嫁妆（名）	jiàzhuang	10
狐媚（名）	húmèi	9		坚韧（形）	jiānrèn	5
胡说（动）	húshuō	9		减肥	jiǎn féi	15
葫芦（名）	húlu	18		饯行酒（名）	jiànxíngjiǔ	2
湖北省(专名)	Húběi Shěng	26		建都	jiàn dū	15

践踏（动）	jiàntà	30	酒器（名）	jiǔqì	2
将军（名）	jiāngjūn	20	舅舅（名）	jiùjiu	12
讲究（动、形）	jiǎngjiu	7	居住（动）	jūzhù	12
交杯酒（名）	jiāobēijiǔ	2	绝伦（形）	juélún	13
交界处（名）	jiāojièchù	26	**K**		
交涉（动）	jiāoshè	27	刊登（动）	kāndēng	11
角色（名）	juésè	2	看家	kān jiā	24
饺子（名）	jiǎozi	4	抗婚	kàng hūn	19
脚趾（名）	jiǎozhǐ	23	抗日战争（专名）	KàngRì zhànzhēng	27
教化（名）	jiàohuà	9	考古（动、名）	kǎogǔ	2
接风酒（名）	jiēfēngjiǔ	2	可怜（形）	kělián	23
接轨	jiē guǐ	24	可惜（形）	kěxī	5
揭示（动）	jiēshì	1	渴望（动）	kěwàng	23
节目（名）	jiémù	11	空虚（形）	kōngxū	30
拮据（形）	jiéjū	5	孔雀（名）	kǒngquè	22
结交（动）	jiéjiāo	12	哭坟	kū fén	19
解除（动）	jiěchú	12	快活（形）	kuàihuo	10
解腻	jiě nì	3	筷子（名）	kuàizi	4
解围	jiě wéi	20	款式（名）	kuǎnshì	14
借助（动）	jièzhù	13	**L**		
《金瓶梅》（专名）	Jīnpíngméi	10	垃圾（名）	lājī	6
金簪（名）	jīnzān	17	癞皮狗（名）	làipígǒu	24
禁果（名）	jìnguǒ	21	浪漫（形）	làngmàn	17
京津（专名）	Jīng Jīn	28	劳力士（专名）	Láolìshì	16
经典（名）	jīngdiǎn	20	老汉（名）	lǎohàn	18
精致（形）	jīngzhì	13	老狐狸（名）	lǎohúli	9
景德镇（专名）	Jǐngdézhèn	27	老迈（形）	lǎomài	10
敬酒	jìng jiǔ	2	老牛（名）	lǎoniú	17

老鼠（名）	lǎoshǔ	23	美妙（形）	měimiào	19
老土（形）	lǎotǔ	29	美味（名）	měiwèi	3
礼仪（名）	lǐyí	9	门第（名）	méndì	12
历程（名）	lìchéng	15	盟军（名）	méngjūn	27
利益（名）	lìyì	12	蒙古人（专名）	Měngǔrén	30
莲花（名）	liánhuā	15	勉强（副）	miǎnqiǎng	18
恋爱（动名）	liàn'ài	4	面貌（名）	miànmào	11
梁山伯（专名）	Liáng Shānbó	19	庙宇（名）	miàoyǔ	7
临时（副、形）	línshí	14	名次（名）	míngcì	23
灵活（形）	línghuó	5	名声（名）	míngshēng	9
领先（动）	lǐngxiān	22	名望（名）	míngwàng	3
龙须面（名）	lóngxūmiàn	22	明长城(专名)	Míng Chángchéng	30
龙眼（名）	lóngyǎn	22	明星（名）	míngxīng	11
笼络（动）	lǒngluò	30	魔法（名）	mófǎ	21
隆胸	lóng xiōng	15	母老虎（名）	mǔlǎohǔ	8
楼台会	lóutáihuì	19	目击者（名）	mùjīzhě	26
鹿茸角（名）	lùróngjiǎo	30			

M

马蹄（名）	mǎtí	30
满足（动）	mǎnzú	25
满族人（专名）	Mǎnzú rén	30
茫然（形）	mángrán	8
茅房（名）	máofáng	6
茅坑（名）	máokēng	6
帽子（名）	màozi	11
玫瑰（名）	méigui	12
媒人（名）	méiren	20
美感（名）	měigǎn	3

N

南京（专名）	Nánjīng	15
内敛（形）	nèiliǎn	13
酿酒	niàng jiǔ	3
牛粪（名）	niúfèn	10
牛郎（专名）	Niúláng	17
钮扣（名）	niǔkòu	16
农民（名）	nóngmín	29
怒斥（动）	nùchì	24

O

| 偶像（名） | ǒuxiàng | 11 |

生词总表

	P			惬意（形）	qièyì	3
怕老婆	pà lǎopo	8		亲友（名）	qīnyǒu	2
徘徊（动）	páihuái	12		秦朝（专名）	Qín Cháo	6
派用场	pài yòngchǎng	17		秦香莲（专名）	Qín Xiānglián	10
潘金莲（专名）	Pān Jīnlián	10		禽类（名）	qínlèi	22
盘子（名）	pánzi	4		青天白日旗（名）	qīngtiān báirìqí	29
跑车（名）	pǎochē	16		清朝（专名）	Qīng Cháo	30
翩翩（形）	piānpiān	20		清洁员（名）	qīngjiéyuán	6
飘移（动）	piāoyí	13		清新（形）	qīngxīn	3
频频（副）	pínpín	13		情节（名）	qíngjié	10
品味（名）	pǐnwèi	18		情结（名）	qíngjié	9
瓶子（名）	píngzi	11		请柬（名）	qǐngjiǎn	19
破案	pò àn	24		曲目（名）	qǔmù	19
葡萄（名）	pútao	3		曲线（名）	qūxiàn	13
	Q			趣味（名）	qùwèi	16
妻管严（名）	qīguǎnyán	8		劝酒	quàn jiǔ	2
凄凉（形）	qīliáng	18		群体（名）	qúntǐ	16
期待（动）	qīdài	11			**R**	
奇特（形）	qítè	18		人参（名）	rénshēn	30
奇装（名）	qízhuāng	16		人品（名）	rénpǐn	14
旗袍（名）	qípáo	13		人气（名）	rénqì	11
旗帜（名）	qízhì	29		日内瓦（专名）	Rìnèiwǎ	19
气质（名）	qìzhì	13		容忍（动）	róngrěn	19
岂能（副）	qǐnéng	6		柔弱（形）	róuruò	7
企鹅（名）	qǐ'é	4			**S**	
起兵	qǐ bīng	28		撒酒疯	sā jiǔfēng	2
签名	qiān míng	7		色彩（名）	sècǎi	17
强悍（形）	qiánghàn	8		杀伤力（名）	shāshānglì	9

155

词语	拼音	页码	词语	拼音	页码
山海关（专名）	Shānhǎiguān	30	顺从（动、形）	shùncóng	24
善良（形）	shànliáng	21	司令部（名）	sīlìngbù	27
商朝（专名）	Shāng Cháo	6	私通（动）	sītōng	10
上路	shàng lù	18	死语（名）	sǐyǔ	27
尚武（形）	shàngwǔ	5	四川省（专名）	Sìchuān Shěng	26
烧香	shāo xiāng	21	素质（名）	sùzhì	16
设计（动）	shèjì	14	算计（动）	suànji	12
身段（名）	shēnduàn	13	随意（形）	suíyì	5
身孕（名）	shēnyùn	21	缩略语（名）	suō lüè yǔ	8
神秘（形）	shénmì	12	**T**		
神农架（专名）	Shénnóngjià	26	太原（专名）	Tàiyuán	3
渗透（动）	shèntòu	7	贪心（形）	tānxīn	25
生意（名）	shēngyi	4	糖醋鱼（名）	tángcùyú	3
尸体（名）	shītǐ	18	剔牙	tī yá	16
十八相送	shí bā xiāng sòng	19	提味	tí wèi	3
时尚（名）	shíshàng	15	天宫（专名）	Tiāngōng	23
使女（名）	shǐnǚ	10	挑逗（动）	tiǎodòu	10
侍女（名）	shìnǚ	20	挑战（动）	tiǎozhàn	11
手相（名）	shǒuxiàng	7	听话	tīng huà	24
手杖（名）	shǒuzhàng	8	投奔（动）	tóubèn	10
首推（动）	shǒutuī	3	投降（动）	tóuxiáng	28
首演（动）	shǒuyǎn	19	团圆（动）	tuányuán	4
瘦身	shòu shēn	15	颓废（形）	tuífèi	16
束腰	shù yāo	15	脱胎（动）	tuōtāi	29
衰落（动）	shuāiluò	30	妥协（动）	tuǒxié	22
双璧（名）	shuāngbì	20	**W**		
《水浒传》（专名）	Shuǐhǔ Zhuàn	10	娃娃（名）	wáwa	18
水龙头（名）	shuǐlóngtóu	22	外务省（名）	wàiwùshěng	27

完结（动）	wánjié	15		喜好（动）	xǐhào	14
晚辈（名）	wǎnbèi	2		喜酒（名）	xǐjiǔ	2
晚餐（名）	wǎncān	4		喜鹊（名）	xǐquè	17
晚清（专名）	Wǎn Qīng	27		细腻（形）	xìnì	19
婉转（形）	wǎnzhuǎn	19		细腰（名）	xìyāo	15
王牌（名）	wángpái	11		夏娃（专名）	Xiàwá	21
王子（名）	wángzǐ	2		仙境（名）	xiānjìng	19
危难（形）	wēinàn	17		鲜花（名）	xiānhuā	10
违抗（动）	wéikàng	10		显贵（形）	xiǎnguì	8
卫生间（名）	wèishēngjiān	6		香水（名）	xiāngshuǐ	16
卫士（名）	wèishì	25		享年（名）	xiǎngnián	15
卫戍司令	wèishù sīlìng	28		享誉（动）	xiǎngyù	4
胃口（名）	wèikǒu	25		项链（名）	xiàngliàn	11
胃溃疡（名）	wèikuìyáng	8		小便（名）	xiǎobiàn	6
文雅（形）	wényǎ	6		小笼包（名）	xiǎolóngbāo	3
窝囊（形）	wōnang	10		小气（形）	xiǎoqi	5
斡旋（动）	wòxuán	20		小提琴（名）	xiǎotíqín	19
乌龙茶（名）	wūlóngchá	22		小资（名）	xiǎozī	16
无奈（形）	wúnài	20		协奏曲（名）	xiézòuqǔ	19
武大郎（专名）	Wǔ Dàláng	10		心动（动）	xīndòng	12
舞动（动）	wǔdòng	13		心境（名）	xīnjìng	18
乌拉草（名）	wùlacǎo	30		薪水（名）	xīnshui	16
X				行事（动）	xíngshì	11
吸毒	xī dú	16		行踪（名）	xíngzōng	26
吸食（动）	xīshí	15		性感（形）	xìnggǎn	9
吸引（动）	xīyǐn	12		性情（名）	xìngqíng	8
洗手间（名）	xǐshǒujiān	6		兄弟（名）	xiōngdì	12
洗澡	xǐ zǎo	17		雄性（名）	xióngxìng	22

修饰（动）	xiūshì	16		营救（动）	yíngjiù	21
虚荣（形）	xūróng	12		楹联（名）	yínglián	18
虚伪（形）	xūwěi	12		影响力（名）	yǐngxiǎnglì	11
旋律（名）	xuánlǜ	19		幽会（动）	yōuhuì	20
选择（动）	xuǎnzé	10		悠久（形）	yōujiǔ	19
迅速（形）	xùnsù	23		尤其（副）	yóuqí	4
Y				友情（名）	yǒuqíng	4
压抑（动）	yāyì	9		诱人（形）	yòurén	26
鸦片（名）	yāpiàn	15		愚蠢（形）	yúchǔn	15
亚当（专名）	Yàdāng	21		御寒	yù hán	18
延续（动）	yánxù	12		寓意（名）	yùyì	11
炎帝（专名）	Yándì	26		冤枉（动）	yuānwang	23
颜色（名）	yánsè	10		元宝（名）	yuánbǎo	4
眼光（名）	yǎnguāng	21		元朝（专名）	Yuán Cháo	30
厌倦（动）	yànjuàn	12		**Z**		
宴席（名）	yànxí	4		杂志（名）	zázhì	11
妖兽（名）	yāoshòu	9		杂质（名）	zázhì	12
窈窕（形）	yǎotiǎo	13		栽培（动）	zāipéi	18
野人（名）	yěrén	26		宰相（名）	zǎixiàng	25
夜明珠（名）	yèmíngzhū	25		遭罪	zāo zuì	15
一向（副）	yíxiàng	9		糟糕（形）	zāogāo	6
依稀（形）	yīxī	22		责令（动）	zélìng	27
意大利（专名）	Yìdàlì	4		增色	zēng sè	3
殷勤（形）	yīnqín	2		张榜（动）	zhāng bǎng	25
银河（名）	yínhé	17		张扬（形）	zhāngyáng	16
印度（专名）	Yìndù	27		长辈（名）	zhǎngbèi	2
印度支那（专名）	Yìndù Zhīnà	27		掌管（动）	zhǎngguǎn	28
应允（动）	yīngyǔn	18		召见（动）	zhàojiàn	18

生词总表

照准（动）	zhàozhǔn	6	祝英台（专名）	Zhù Yīngtái	19
遮羞	zhē xiū	14	筑巢	zhù cháo	26
折射（动）	zhéshè	1	转眼（副）	zhuǎnyǎn	18
贞节（名）	zhēnjié	18	状态（名）	zhuàngtài	6
震撼（动）	zhènhàn	11	状元（名）	zhuàngyuán	20
挣扎（动）	zhēngzhá	15	追溯（动）	zhuīsù	1
整形	zhěng xíng	15	追随（动）	zhuīsuí	14
正黄旗（专名）	Zhènghuángqí	29	仔细（形）	zǐxì	4
正经人（名）	zhèngjīngrén	9	资产阶级	zīchǎn jiējí	29
支那（专名）	Zhīnà	27	自尽（动）	zìjìn	18
织锦物（名）	zhījǐnwù	29	字样（名）	zìyàng	29
织女（专名）	Zhīnǚ	17	总统（名）	zǒngtǒng	14
旨意（名）	zhǐyì	10	综合（名、动）	zōnghé	22
至尊（形、名）	zhìzūn	7	走狗（名）	zǒugǒu	24
中华民国（专名）	Zhōnghuá Mínguó	27	族群（名）	zúqún	12
中原（专名）	Zhōngyuán	9	诅咒（动）	zǔzhòu	30
主事（动）	zhǔshì	22	罪恶（名）	zuì'è	21
助兴	zhù xìng	8	作料（名）	zuóliào	3
注重（动）	zhùzhòng	6			

159

成语及惯用语总表

B

白白胖胖	báibáipàngpàng	4
白马王子	báimǎ wángzǐ	23
百镒之金	bǎi yì zhī jīn	15
半推半就	bàn tuī bàn jiù	14
棒打鸳鸯	bàng dǎ yuānyang	19
悲痛欲绝	bēitòng yù jué	18
背信弃义	bèi xìn qì yì	23
濒于灭亡	bīnyú mièwáng	28
勃然大怒	bórán dà nù	17
不大不小	bú dà bù xiǎo	29
不得而知	bùdé érzhī	14
不管怎么说	bùguǎn zěnme shuō	29
不解之缘	bù jiě zhī yuán	19
不可或缺	bùkě huòquē	3
不忍离去	bùrěn líqù	12
不忍心	bù rěnxīn	4
不由自主	bùyóu zìzhǔ	20

C

才情横溢	cáiqíng héngyì	3
茶不思，饭不想	chá bù sī, fàn bù xiǎng	1
长年累月	cháng nián lěi yuè	15

长相厮守	chángxiāng sīshǒu	19
吃不了兜着走	chī bu liǎo dōuzhe zǒu	4
吃吃喝喝	chīchīhēhē	4
吃豆腐	chī dòufu	4
臭名天下	chòumíng tiānxià	6
粗野放荡	cūyě fàngdàng	9
醋性大发	cùxìng dà fā	8

D

大获全胜	dà huò quán shèng	21
大煞风景	dà shā fēngjǐng	3
大声喧哗	dàshēng xuānhuá	16
刀光剑影	dāo guāng jiàn yǐng	5
吊胃口	diào wèikǒu	19
鼎力相助	dǐnglì xiāng zhù	20
妒火中烧	dù huǒ zhōng shāo	21

F

发痴发呆	fā chī fā dāi	3
风光无限	fēngguāng wúxiàn	13
风月无边	fēngyuè wú biān	13
封建礼教	fēngjiàn lǐjiào	8
凤毛麟角	fèng máo lín jiǎo	24

G

感情破裂	gǎnqíng pòliè	12
高等教育	gāoděng jiàoyù	16
高低贵贱	gāo dī guì jiàn	7
各付各的	gè fù gè de	5
狗仗人势	gǒu zhàng rén shì	24
古今中外	gǔ jīn zhōng wài	15

| 光彩照人 | guāngcǎi zhào rén | 13 |
| 诡计多端 | guǐjì duōduān | 9 |

H

含辛茹苦	hán xīn rú kǔ	10
毫无疑问	háowú yíwèn	3
狐朋狗友	hú péng gǒu yǒu	9
花好月圆	huā hǎo yuè yuán	20
画龙点睛	huà lóng diǎn jīng	3
回味无穷	huíwèi wú qióng	3
活泼风趣	huópo fēngqù	16
祸起萧墙	huò qǐ xiāoqiáng	30

J

鸡犬不宁	jī quǎn bù níng	23
几经波折	jǐ jīng bōzhé	20
家喻户晓	jiā yù hù xiǎo	10
剪不断理还乱	jiǎn bú duàn lǐ hái luàn	2
见不得人	jiànbudé rén	6
将计就计	jiāng jì jiù jì	18
娇生惯养	jiāo shēng guàn yǎng	8
今非昔比	jīn fēi xī bǐ	24
尽职尽责	jìn zhí jìn zé	24
惊天动地	jīng tiān dòng dì	18
靓男俊女	liàng nán jùn nǚ	20
敬酒不吃吃罚酒	jìng jiǔ bù chī chī fá jiǔ	2
酒后吐真言	jiǔ hòu tǔ zhēn yán	2
救命之恩	jiù mìng zhī ēn	25
举世闻名	jǔshì wénmíng	21
巨浪滔天	jù làng tāo tiān	17

L

来龙去脉	lái lóng qù mài	22
泪如泉涌	lèi rú quán yǒng	18
利令智昏	lì lìng zhì hūn	25
两相分离	liǎngxiāng fēnlí	19
龙头老大	lóngtóu lǎodà	22
伦理道德	lúnlǐ dàodé	10

M

马到成功	mǎ dào chénggōng	23
满面春风	mǎn miàn chūnfēng	20
美名天下	měimíng tiānxià	6
门当户对	mén dāng hù duì	19
勉为其难	miǎn wéi qí nán	2

N

男尊女卑	nán zūn nǚ bēi	7
男左女右	nán zuǒ nǚ yòu	7
恼羞成怒	nǎo xiū chéng nù	10
拈花惹草	niān huā rě cǎo	8
女扮男装	nǚ bàn nán zhuāng	19

P

披麻戴孝	pī má dài xiào	18
飘飘欲仙	piāopiāo yù xiān	2

Q

欺软怕硬	qī ruǎn pà yìng	24
恰到好处	qià dào hǎo chù	3
千难万险	qiān nán wàn xiǎn	18
亲兄弟，明算账	qīn xiōngdì, míng suàn zhàng	5
情急之下	qíngjí zhī xià	26

情真意切	qíng zhēn yì qiè	2
群龙无首	qún lóng wú shǒu	22

R

热气腾腾	rèqì téngténg	4
人走茶凉	rén zǒu chá liáng	1
如愿以偿	rú yuàn yǐ cháng	18
软弱无力	ruǎnruò wúlì	3

S

三皇五帝	Sān Huáng Wǔ Dì	1
杀人灭口	shā rén miè kǒu	10
杀一儆百	shā yī jǐng bǎi	23
神魂颠倒	shénhún diāndǎo	9
世态炎凉	shìtài yánliáng	1
适可而止	shì kě ér zhǐ	25
守身如玉	shǒu shēn rú yù	10
数不胜数	shǔ bú shèng shǔ	1
顺理成章	shùn lǐ chéng zhāng	27
随时随地	suí shí suí dì	6

T

贪心不足	tānxīn bù zú	25
陶冶性情	táoyě xìngqíng	1
提这茬儿	tí zhè chár	5
天各一方	tiān gè yì fāng	17
天有不测风云	tiān yǒu bú cè fēngyún	18
头破血流	tóu pò xuè liú	2
抟土造人	tuán tǔ zào rén	21

W

望子成龙	wàng zǐ chéng lóng	22

委靡不振	wěimǐ bú zhèn	3
温文尔雅	wēn wén ěr yǎ	21
文韬武略	wén tāo wǔ lüè	30
闻名天下	wénmíng tiānxià	4
无疾而终	wú jí ér zhōng	15
五花八门	wǔ huā bā mén	1

X

先干为敬	xiān gān wéi jìng	2
相比之下	xiāngbǐ zhī xià	29
相得益彰	xiāng dé yì zhāng	13
小题大做	xiǎo tí dà zuò	11
携儿带女	xié ér dài nǚ	10
心灵手巧	xīn líng shǒu qiǎo	17
心领神会	xīn lǐng shén huì	20
心痒难挠	xīn yǎng nán náo	20
信手拈来	xìn shǒu niān lái	24
兴衰更替	xīngshuāi gēngtì	28
修饰入时	xiūshì rùshí	16

Y

压寨夫人	yā zhài fūrén	20
炎黄子孙	Yán Huáng zǐsūn	14
杳无音信	yǎo wú yīn xìn	10
一发不可收拾	yì fā bùkě shōushi	15
一俊遮百丑	yí jùn zhē bǎi chǒu	6
一针见血	yì zhēn jiàn xiě	30
移情别恋	yí qíng bié liàn	12
阴险狡诈	yīnxiǎn jiǎozhà	23
英勇善战	yīngyǒng shàn zhàn	30

永无止境	yǒng wú zhǐ jìng	25
愚昧无知	yúmèi wúzhī	9
与世无争	yǔ shì wú zhēng	23
欲壑难填	yù hè nán tián	25
运用自如	yùnyòng zìrú	5

Z

杂乱无章	záluàn wú zhāng	12
直立行走	zhílì xíngzǒu	26
追求功名	zhuīqiú gōngmíng	10
左右开弓	zuǒ yòu kāi gōng	5
坐北朝南	zuò běi cháo nán	7